DIE COOLSTEN AUTOS DER WELT

Ravensburger Buchverlag

Bibliografische Information der Deutschen Nationalbibliothek: Die Deutsche Nationalbibliothek verzeichnet diese Publikation in der Deutschen Nationalbibliografie. Detaillierte bibliografische Daten sind im Internet über **http://dnb.d-nb.de** abrufbar.

3 2   C B A

2015 Ravensburger Buchverlag Otto Maier GmbH Postfach 1860, 88188 Ravensburg
Alle Rechte, auch die des auszugsweisen Nachdrucks, der fotomechanischen Wiedergabe und der Übersetzung, vorbehalten.

Titel der Originalausgabe: Car World
Text, Design, Illustration © Carlton Books Limited 2015
An imprint of the Carlton Publishing Group
20 Mortimer Street, London, W1T 3JW

Deutsche Ausgabe
Übersetzung aus dem Englischen: Ursula Klocker
Technische Umsetzung und Satz: Sabine Dohme

ISBN 978-3-473-55397-6

www.ravensburger.de

Die coolsten AUTOS der Welt

CLIVE GIFFORD

INHALT

EINLEITUNG	6
SPORTAUTOS	16
KULTAUTOS	30
SKURRILE AUTOS	46
RENNAUTOS	56
AUTOS DER ZUKUNFT	70
FACHBEGRIFFE	80

EINLEITUNG
Von den Anfängen bis in die Zukunft

Keine andere Maschine fasziniert Menschen so sehr wie das Auto. Autos können viel mehr sein als nur bequeme Fortbewegungsmittel. Sie begeistern und wecken Emotionen – vom Adrenalinrausch am Steuer eines Supersportwagens bis zum stillen Stolz beim Restaurieren eines Oldtimers oder der freudigen Spannung, die man beim ersten Blick auf ein Hightech-Auto der Zukunft empfindet.

Dieses Buch ist vollgepackt mit einem hochtourigen Mix aus den heißesten Produkten der Automobilwerkstätten. Es stellt die elegantesten Fahrzeugklassiker vor, die modernsten getunten Extrem-Sportwagen, geniale Einzelanfertigungen sowie superschnelle Landfahrzeuge der Rekordklasse. Es nimmt einige der populärsten Rennwagen unter die Lupe und zeigt auf, welche Anforderungen der Wettkampf an deren Design und Leistung stellt. Der Blick richtet sich aber auch auf die Fortschritte im Automobildesign und die Technologien, die im 21. Jahrhundert noch auf die Fangemeinde warten könnten.

Im Automobilsport zeigen Autos und Fahrer ihr Können. Egal ob es sich um ein Rennen auf speziell angelegten Rennstrecken oder um einen Wettbewerb auf holprigen Pisten handelt, meist geht es darum, das Auto möglichst rasch ans Ziel zu steuern. Die absolute Höchstgeschwindigkeit erreichen dabei die Top Fuel Dragster (rechts). Innerhalb von wenigen Sekunden drehen sie auf bis zu 500 km/h auf.

Dieser Lamborghini Huracán wurde in Italien handgefertigt. Der Hochleistungswagen ist mit fortschrittlichster Technologie gerüstet und lässt den Tacho auf mehr als 320 km/h surren.

In Serie produziert – das gilt für die meisten Fahrzeuge auf unseren Straßen. Es gibt jedoch auch handgefertigte Modelle, die nach den Wünschen der Käufer in geringen Stückzahlen hergestellt werden. Eines davon ist das Flatmobile (rechts), das der Brite Perry Watkins entwickelt hat. Der niedrige Flitzer erinnert an das Batmobil und ist mit seinen 48,26 cm Höhe ein echter Flachmann.

WIE ALLES BEGANN
Von Erfindern und Pionieren

Das 19. Jh. war die Zeit bahnbrechender technischer Erfindungen. Zu ihnen gehören die ersten Verbrennungsmotoren, die ersten motorisierten Wagen und viele Komponenten des Autos, die wir heute als selbstverständlich betrachten. Erfinder und Pioniere gab es in den USA, in Frankreich und in Großbritannien. Mehr als jedes andere Land aber darf Deutschland den Anspruch erheben, der Geburtsort des Automobils zu sein.

DER VIERTAKTMOTOR

Der Motor, der das erste Auto zum Rollen brachte, war eine Erfindung von Nikolaus August Otto. Otto war gelernter Kaufmann und hatte nie eine Hochschule besucht. Dennoch interessierte er sich für technische Neuerungen, wie den Viertaktmotor, den der Franzose Alphonse Eugène Beau de Rochas 1862 zum Patent angemeldet hatte. Auf dieser Grundlage entwickelte Otto im Jahr 1876 einen Gasverbrennungsmotor, der immer vier Takte benötigt, um Wärmeenergie in Bewegungsenergie umzuwandeln. Dieser Motor treibt noch heute Autos an.

> Der Mercedes 35 PS prahlte mit einer Viergangschaltung, einem aus Stahlblech gepressten Rahmen und einer Fußbremse. Er erreichte eine Spitzengeschwindigkeit von bis zu 90 km/h.

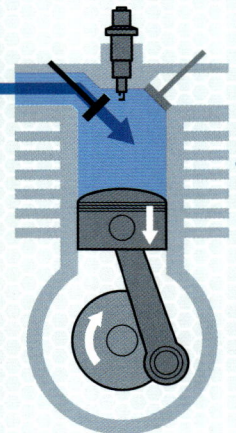

Ansaugen
Das Einlassventil wird geöffnet. Das Benzin-Luft-Gemisch strömt in den Zylinder.

Verdichten
Der Kolben bewegt sich nach oben und drückt das Benzin-Luft-Gemisch zusammen.

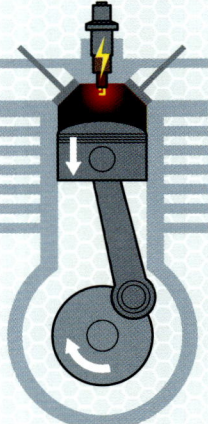

Arbeiten
Das Benzin explodiert und erzeugt eine Druckwelle. Sie treibt den Kolben abwärts.

Ausstoßen
Der Kolben bewegt sich nach oben. Er schiebt die Abgase über das Auslassventil aus dem Zylinder.

DAS ERSTE AUTOMOBIL

Der deutsche Ingenieur Karl Benz baute 1885 in Mannheim das erste Auto. Es war ein zweisitziges Gefährt mit drei Rädern und einem im Heck eingebauten Viertaktmotor. Dieses „Fahrzeug mit Gasmotorenbetrieb" meldete Benz 1886 zum Patent an. Aufsehen erregte es 1888, als Bertha Benz, die Frau von Karl Benz, damit eine Fernfahrt unternahm. Sie fuhr mit ihren beiden Söhnen 190 km von Mannheim nach Pforzheim und zurück. Mit dieser Reise hat Bertha Benz den Aufstieg der Firma Benz & Cie. zum damals größten Automobilhersteller begründet.

DAIMLER UND MAYBACH

Nur rund 95 km von Mannheim entfernt, beschäftigten sich auch die Konstrukteure Gottlieb Daimler (rechts) und Wilhelm Maybach mit dem Thema Automobil. Im Jahr 1886 rüsteten sie eine Kutsche mit einem Motor aus und schufen so den ersten vierrädrigen Kraftwagen. Vierzehn Jahre später entwickelten die beiden Ingenieure das erste moderne Automobil. Der Mercedes 35 PS wurde mit seinem leichten Motor zum Wegweiser für die Automobilindustrie.

Der Bienenwabenkühler, eine Erfindung Maybachs, kühlte den Motor des Mercedes 35. Er war deutlich kleiner und wirksamer als die bis dahin verwendeten Rohrschlangenkühler.

KRAFT UND PRÄZISION
Rund um den Motor

Der Verbrennungsmotor wurde seit den Tagen von Otto, Benz und Daimler weiterentwickelt, das Hauptprinzip aber ist geblieben. Ein Gemisch aus Treibstoff und Luft wird in einem Zylinder zusammengepresst und gezündet. Die entstehende Druckwelle treibt den Kolben an. So wird Wärmeenergie in Bewegungsenergie umgewandelt. Diese wiederum wird auf die Achsen und Räder des Wagens übertragen. Durch technische Neuerungen entstanden in den vergangenen 120 Jahren immer leistungsfähigere und stärkere Motoren.

Ein extrem leistungsfähiger Motor steckt in der Dodge Viper SRT von 2015. Dieses Energiepaket besteht aus zehn Zylindern mit einem Hubraum von 8,4 l und leistet 645 PS.

HUBRAUM

Der Begriff Hubraum zeigt an, wie groß der Inhalt aller Zylinder eines Autos ist. Er wird in Liter oder Kubikzentimeter angegeben. Je größer die Zylinder sind, desto größer ist der Hubraum. Das heißt, dass mehr Treibstoff verbrannt werden kann. Der Motor ist dadurch leistungsstärker. Kleine Stadtautos haben einen Hubraum von rund 600 ccm (Kubikzentimeter), während bei Limousinen auch 3 000 ccm Hubraum gängig sind.

NOCH MEHR LEISTUNG

Die Power eines Motors wird nicht allein durch den Hubraum bestimmt. Mit vielen weiteren Feinheiten kann man an der Leistungsschraube drehen. In kräftigen Motoren werden zum Beispiel leichtere Werkstoffe verarbeitet. Sie können mit einem geringeren Energieaufwand bewegt werden. Auch die Ein- und Auslassventile werden so gebaut, dass die Gase möglichst ungehindert in den Zylinder ein- und wieder aus ihm heraustreten können. Darüber hinaus kann eine verbesserte Abgasanlage dem Motor zusätzliche PS verpassen.

MOTORSTEUERUNG

Die Arbeit des Motors wird von der Motorsteuerung überwacht und geregelt. Eigens dafür entwickelte Computer und Sensoren sorgen zum Beispiel dafür, dass genügend Treibstoff in die Zylinder gelangt oder die Ventile fehlerlos funktionieren. Die Motorsteuerung trägt also erheblich zur Leistung des Motors bei.

Aus dem Motor lässt sich zusätzliche Leistung herauskitzeln, wenn man mit Hilfe von Turboladern verdichtete Luft in die Zylinder leitet. So wird mehr Kraftstoff verbrannt und dadurch mehr Leistung erzeugt.

SCHNELLES LEICHTGEWICHT

Im Jahr 2014 wurde der Koenigsegg One:1 enthüllt. Dieser Sportwagen ist mit einem Aluminium-V8-Motor mit zwei Turboladern ausgerüstet, der sagenhafte 1341 PS leistet – mehr als zwei Formel-1-Wagen zusammen. Damit ist er einer der leistungsfähigsten Motoren in einem straßenzugelassenen Serienwagen. Der kraftvolle Motor, das geringe Gewicht und die aerodynamische Karosserie katapultieren den Koenigsegg One:1 in nur 20 Sekunden von 0 auf 400 km/h.

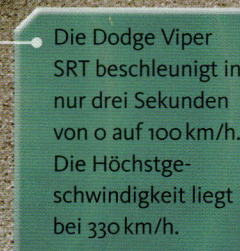

Die Dodge Viper SRT beschleunigt in nur drei Sekunden von 0 auf 100 km/h. Die Höchstgeschwindigkeit liegt bei 330 km/h.

MODERNE FERTIGUNG
Roboter helfen mit

Mehr als 65 Millionen Neuwagen rollen alljährlich weltweit von den Produktionsbändern. Hinter jedem neuen Modell liegen viele Jahre Arbeit: Das Fahrzeug muss entworfen, konstruiert, getestet und als Prototyp gebaut werden. Spezielle Computerprogramme helfen den Ingenieuren dabei, die vielen tausend Teile, die in einem modernen Auto verbaut werden, den technischen Vorgaben anzupassen.

Roboterarme sind präzise arbeitende Schweißer. Bei der A3-Limousine – dem großen Bruder des A1 – setzen sie an 5467 Punkten an, um die Karosserie zusammenzufügen.

FERTIGUNGSLINIE
Die moderne Fertigungslinie ist ein organisatorisches Wunderwerk. Das Auto wird hier per Fördersystem von Station zu Station transportiert, wo jeweils genau festgelegte Arbeitsschritte erfolgen und alle Teile zusammengefügt werden. Im Fall des BMW X6 sind das rund 8 000. In hochpreisigen Fahrzeugen wird immer mehr Carbon verarbeitet. Die meisten Wagen aber haben Fahrgestelle aus Stahl und Karosserien aus Stahl oder Aluminium und müssen mit großem Aufwand verschweißt werden.

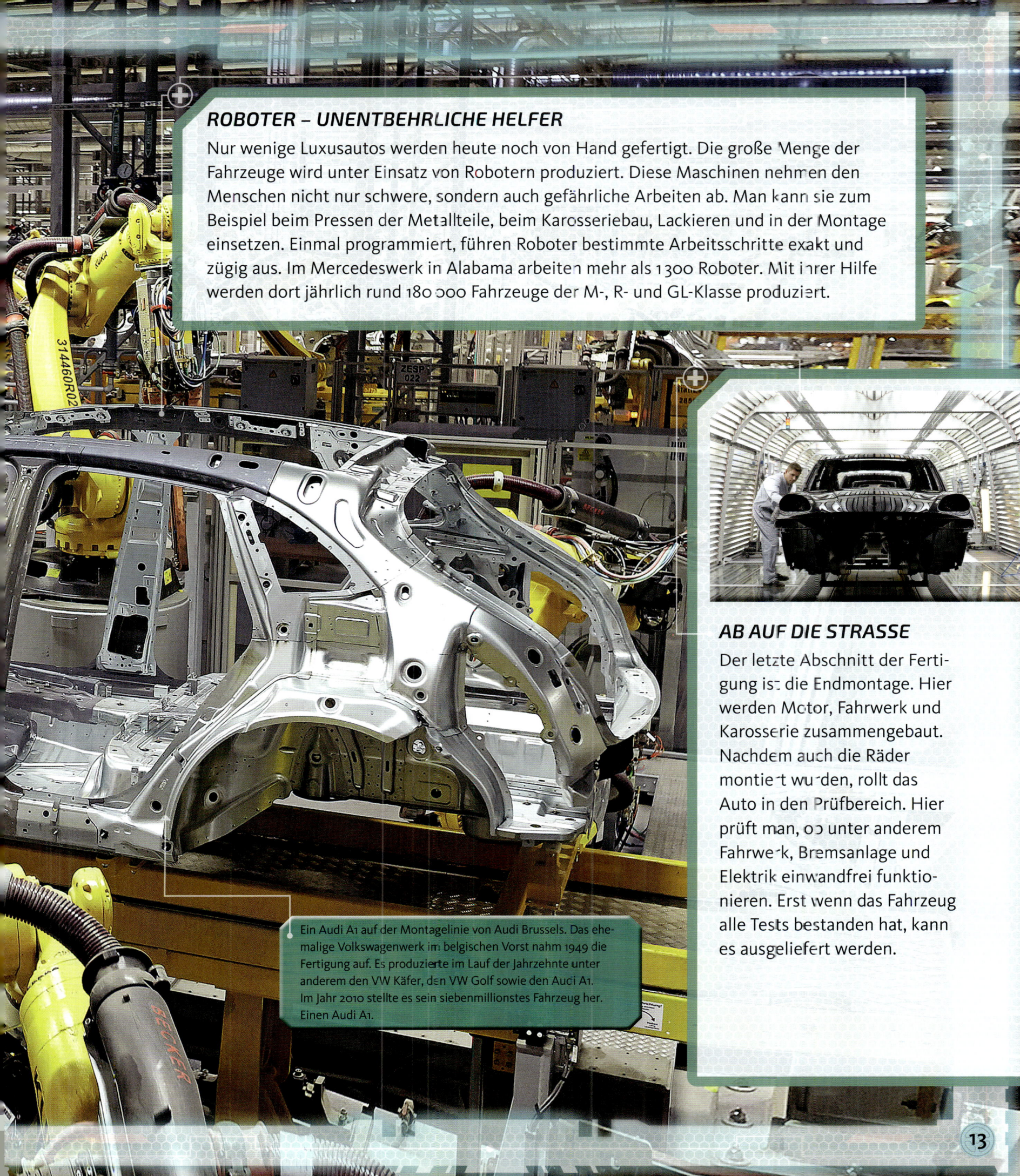

ROBOTER – UNENTBEHRLICHE HELFER

Nur wenige Luxusautos werden heute noch von Hand gefertigt. Die große Menge der Fahrzeuge wird unter Einsatz von Robotern produziert. Diese Maschinen nehmen den Menschen nicht nur schwere, sondern auch gefährliche Arbeiten ab. Man kann sie zum Beispiel beim Pressen der Metallteile, beim Karosseriebau, Lackieren und in der Montage einsetzen. Einmal programmiert, führen Roboter bestimmte Arbeitsschritte exakt und zügig aus. Im Mercedeswerk in Alabama arbeiten mehr als 1300 Roboter. Mit ihrer Hilfe werden dort jährlich rund 180 000 Fahrzeuge der M-, R- und GL-Klasse produziert.

AB AUF DIE STRASSE

Der letzte Abschnitt der Fertigung ist die Endmontage. Hier werden Motor, Fahrwerk und Karosserie zusammengebaut. Nachdem auch die Räder montiert wurden, rollt das Auto in den Prüfbereich. Hier prüft man, ob unter anderem Fahrwerk, Bremsanlage und Elektrik einwandfrei funktionieren. Erst wenn das Fahrzeug alle Tests bestanden hat, kann es ausgeliefert werden.

Ein Audi A1 auf der Montagelinie von Audi Brussels. Das ehemalige Volkswagenwerk im belgischen Vorst nahm 1949 die Fertigung auf. Es produzierte im Lauf der Jahrzehnte unter anderem den VW Käfer, den VW Golf sowie den Audi A1. Im Jahr 2010 stellte es sein siebenmillionstes Fahrzeug her. Einen Audi A1.

AUTOSTADT
Hightech-Parkhaus

Willkommen in der Autostadt! Die weitläufige Anlage des Volkswagen-Konzerns widmet sich ganz dem Auto und seiner Fertigung. Sie befindet sich in Wolfsburg, wo der Automobilhersteller seinen Hauptsitz hat. Jedes Jahr bestaunen mehr als 1,2 Millionen Besucher ihre beiden Autotürme. Die 48 m hohen Zylinder aus Glas und Stahl sind über einen unterirdischen Tunnel mit dem VW-Werk verbunden. Neuwagen werden über ein Rollbandsystem aus der Fertigung in die Türme befördert und von einem Roboterarm in eine gläserne Garage gestellt. Kaum zwei Minuten sind nötig, um einen Wagen einzuparken.

WAHRZEICHEN

In jedem der beiden 20-stöckigen Autotürme warten bis zu 400 Fahrzeuge darauf, abgeholt zu werden. Mehr als 35 Prozent aller Neuwagen des Automobilkonzerns werden den zukünftigen Besitzern in Wolfsburg übergeben. Besucher können die Türme von einem gläsernen Auto aus besichtigen, das bis zur Aussichtsplattform in 48 m Höhe gefahren wird

Ein VW Golf wird mit dem Aufzug in die Höhe transportiert. Das geschieht in der Rekordzeit von 2 m pro Sekunde.

SPORT- AUTOS

Dynamisch, pfeilschnell und überwältigend in der Handhabung. Sportautos sind leistungsstarke Renner, die auch Performance Cars genannt werden. Hier wird zwar auf Leistung Wert gelegt, nicht aber auf Extremleistung. Rasche Beschleunigung, bissige Bremsen und eine gute Straßenlage ermöglichen dennoch ordentlich Speed auf öffentlichen Straßen. Mit der hohen Leistung nehmen aber auch die Gefahren zu. Die Hersteller haben daher für ihre schnellen Flitzer fortschrittlichste Sicherheitssysteme entwickelt, die bei Crashtests geprüft werden. Von diesen Verbesserungen profitieren alle anderen Fahrzeuge.

Der extravagante McLaren P1 wird von einem V8-Benzinmotor und einem 132-kW-Elektromotor angetrieben. Der Sprint von 0 auf 100 km/h gelingt dem P1 in 2,8 Sekunden. Die Höchstgeschwindigkeit wird elektronisch auf 350 km/h geregelt.

SPORTWAGEN
Schnittig und spritzig

Sportwagen verbinden Nervenkitzel mit mehr als alltäglicher Leistung. Die schnittigen Flitzer haben meist ein geringes Gewicht, kräftige Motoren sowie moderne Brems- und Federungssysteme. Viele Sportwagen sind zweitürige Zweisitzer, manche aber bieten mit zwei zusätzlichen Sitzen, sogenannten Notsitzen, Platz für weitere Personen.

Der Boxster S des Modelljahrgangs 2013 baut auf Aluminium. Das leichte Metall ist nicht nur in der Rohkarosse verarbeitet, sondern auch in den Türen und den Kofferraumdeckeln. So bringt es der flotte Boxster auf eine Spitzengeschwindigkeit von 279 km/h.

LOTUS EVORA

Der britische Automobilhersteller Lotus Cars produziert den einzigen Mittelmotor-Sportwagen mit vier Sitzen: den Lotus Evora. In seinem Innern brüllt ein Toyota-V6-Motor, der über ein manuelles Sechsganggetriebe die Hinterräder antreibt. So bringt es der Evora auf eine Höchstgeschwindigkeit von 260 km/h. Aus dem Stand heraus beschleunigt dieser Renner der Spitzenklasse in unter 5 Sekunden auf 100 km/h. Mit dem 440 PS starken Lotus Evora GTE trat das Unternehmen auch beim 24-Stunden-Rennen von Le Mans an.

PORSCHE BOXSTER

Der Porsche Boxster ist ein zweisitziger Sportwagen aus der Zuffenhausener Autoschmiede. Sein Mittelmotor lässt Platz für je einen Kofferraum vorne und hinten. Das Modell Boxster GTS bringt es mit seinem 3,2-Liter-Motor auf 330 PS. In unter 5 Sekunden beschleunigt der Wagen von 0 auf 100 km/h. Damit ist er zugkräftiger als manche Versionen seines größeren Bruders, des Porsche 911.

MAZDA MX-5

Der japanische Automobilhersteller Mazda hat mit dem Mazda MX-5 den meistverkauften Roadster weltweit auf den Markt gebracht. Er wurde 1989 erstmals vorgestellt und ging 1990 in den Verkauf. Bis Ende 2013 wurden 920 000 Fahrzeuge dieses Modells produziert. Die erste Version des mit Hinterradantrieb ausgestatteten Sportwagens wog nur 940 kg und war mit einem 1,6-Liter-Front-Mittelmotor ausgerüstet. Ein Hingucker waren damals die sogenannten Schlafaugen. Diese Klappscheinwerfer hat Mazda erst 1998 gegen feststehende Scheinwerfer ausgetauscht.

Große seitliche Lufteinlässe ermöglichen den Eintritt von Fahrtwind. Er dient als zusätzliche Kühlung für den Motor.

SPORTWAGEN
Klassiker und Innovationen

In der Sportwagenherstellung glänzen nicht nur die großen Konzerne der Autoindustrie wie Chevrolet, Toyota, Mercedes und BMW. Auch kleinere Hersteller wie Morgan, Yes! und Pagani machen von sich reden, weil sie sich auf exklusive, limitierte und teils handgefertigte Modelle spezialisiert haben.

Die Keilform von Heck und Front ist ein markantes Merkmal der Corvette C2 „Sting Ray". Dieses Modell wurde in abgewandelten Formen bis Juli 1967 gebaut.

LANGLEBIGER KULTWAGEN

Im Jahr 1953 schickte Chevrolet die erste Generation der Corvette C1 auf die Straßen. Lange gehörte sie zu den beliebtesten Sportwagen der Amerikaner. Die ersten Modelle hatten keine äußeren Türgriffe. Man musste also in den Wagen greifen, um die Türen öffnen zu können. Im Jahr 1963 kam die legendäre Corvette C2, auch Sting Ray genannt, auf den Markt. Das vollkommen überarbeitete Modell war nun auch als Coupé zu haben und fiel durch seine geteilte Heckscheibe auf. Die siebte Generation des Wagens, die Corvette C7, wurde 2013 vorgestellt. Sie verfügt über einen 455-PS-Motor und wird mit Sechs-, Sieben- oder Achtganggetriebe angeboten.

BMW I8

Ein Sportwagen mit dem Besten aus zwei Welten: Das Hybridauto BMW i8 kombiniert einen 1,5-Liter-Benzinmotor mit einem kraftvollen Elektromotor. Letzterer kann mit seinen 131 PS das Auto auf eine Geschwindigkeit von bis zu 120 km/h beschleunigen. Bei höheren Geschwindigkeiten übernimmt der Dreizylinder, der 231 PS stark ist. Die Reichweite im elektrischen Betrieb beträgt rund 37 km.

YES! ROADSTER

Manche Sportwagenhersteller setzen auf eine sparsame Innenausstattung, andere auf luxuriöse Details. Die Automobilmanufaktur „Young Engineer Sportscar" (Yes!) wiederum packt in das Innere ihres Roadster 3.2 Turbo nur hochwertige Materialien nach den Wünschen des zukünftigen Eigentümers. Auch die Sitze, Schaltwege und Pedale werden noch vor der Produktion genau auf den Fahrer abgestimmt.

Die typische Ausbuchtung in der Motorhaube der Corvette C2 war dem größeren Motor geschuldet. In der Front waren auch die Scheinwerfer versenkt, die je nach Bedarf hochgefahren werden konnten.

SUPERSPORTWAGEN
Leistung plus

Der V-Zehnzylinder-Motor des Lamborghini Huracán lässt den Tacho auf bis zu 325 km/h klettern.

Exklusiv, sehr teuer und hochleistungsfähig – Supersportwagen sprengen die Grenzen von Geschwindigkeit, Leistung und Fahrverhalten. Kaum 3,5 Sekunden brauchen viele dieser Muskelpakete für den Sprint von 0 auf 100 km/h. Bei Spitzengeschwindigkeiten von mehr als 300 km/h müssen auch Bodenhaftung, Bremstechnologie und Fahrassistenzsysteme stimmen. Zu den Neuerscheinungen zählen die spektakulärsten Sportwagen der Automobilgeschichte wie der Lamborghini Huracán, der Ferrari 458 Speciale, der McLaren P1 oder der Porsche 918 Spyder. Der Wettkampf heizt sich auf.

FRÜHE SUPERSPORTWAGEN

Es gibt kein Fahrzeug, das sich „erster Supersportwagen" nennen dürfte. Anspruch auf diesen Rang könnten allenfalls Wagen wie der Ford GT40 (unten) erheben, die zunächst als Rennautos entwickelt wurden, später aber auch die Straßenzulassung erhielten. Der Lamborghini Miura von 1966 ist der erste Supersportwagen, der von Anfang an als Straßenwagen konzipiert wurde – mit einem brüllenden Motor unter der Haube.

TECHNOLOGIE DER SUPERLATIVE

Supercars bieten das Neueste vom Neuen der Automobiltechnologie. Oft sind sie die ersten Straßenwagen, die Erfindungen aus den Rennautoschmieden übernehmen. Das Leichtbaumittel Carbon sowie die aktive Aerodynamik wurden beispielsweise zunächst im Rennsport eingesetzt und haben dann den Weg zu den Supersportwagen gefunden. Manches mag dabei merkwürdig erscheinen, so wie das Periskop des Isdera Imperator 108i, das dem Fahrer den Blick nach hinten ermöglicht, oder die sechs Räder des Covini C6W und des Panther 6.

Unter dem recht kantigen Design des Huracán versteckt sich ein Aluminium-Carbonfaser-Rahmen mit einer Außenhaut aus Aluminium und Verbundmaterial.

SUPERSPORTWAGEN MIT HYBRIDANTRIEB

Eine Reihe der jüngsten Supersportwagen kombinieren einen leistungsfähigen Benzinmotor mit einem kräftigen Elektroantrieb. Der italienische Automobilhersteller Ferrari hat seinen LaFerrari mit einem 6,3-Liter-V12-Motor bestückt, der 789 PS leistet. Unterstützt wird der Benziner von einem Elektromotor, der mit weiteren 161 PS punktet.

BUGATTI VEYRON 16.4 SUPER SPORT
Schnellster Seriensportwagen

Seit seiner Einführung im Jahr 2010 ist der Bugatti Veyron 16.4 Super Sport das schnellste seriengefertigte Straßenauto der Welt. Für einen Basispreis von 1,65 Mio. Euro erhält der Kunde ein Fahrzeug von höchster Leistungsfähigkeit, mit modernster Technologie und vielen handgefertigten Komponenten. Allein der 100-Liter-Benzintank besteht aus 261 Teilen. Es dauert drei Tage, sie zusammenzufügen.

SUPERZYLINDER
In diesem Auto der Superlative befinden sich ein 16-Zylinder-Motor mit vier Turboladern, die zusätzliche Leistung aus ihm herauskitzeln, sowie ein Siebengang-DSG-Getriebe. Das Kraftpaket verfügt über 1200 PS, die es dem Fahrer gestatten, in nur 6,7 Sekunden von 0 auf 200 km/h zu beschleunigen. Bei einer Spitzengeschwindigkeit von 415 km/h wird der Motor elektronisch abgeregelt, um die Reifen des Hochleistungssportwagens zu schonen.

Eindrucksvolle Lufteinlässe betonen die Front des Bugatti 16.4 Super Sport. Der untere Luftschlitz zieht sich bis ins Radhaus hinein und fächelt Luft an die Keramik-Carbon-Bremsscheiben.

BODENHAFTUNG

Damit der Bugatti die Bodenhaftung nicht verliert, haben sich die Ingenieure einiges einfallen lassen. Die computerüberwachte aktive Radaufhängung des Bugatti Veyron 16.4 sorgt für ein stabiles Fahrverhalten. Auch die Fahrhöhe lässt sich verändern, sodass der Wagen bei Bedarf nur 80 bis 95 mm über dem Boden liegt. Für Abtrieb sorgt ein verstellbarer Heckspoiler.

Speziell für den Veyron hat Michelin diese Reifen entwickelt. Sie müssen Extremes leisten: Auch wenn der Wagen Spitzengeschwindigkeit fährt, muss er optimal auf der Straße haften, egal ob es trocken ist, regnet oder schneit. Jeder Pneu wird von Sensoren überwacht, die den Reifendruck messen.

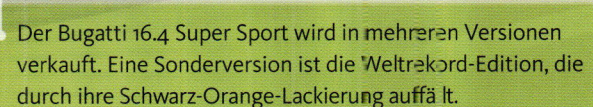
Der Bugatti 16.4 Super Sport wird in mehreren Versionen verkauft. Eine Sonderversion ist die Weltrekord-Edition, die durch ihre Schwarz-Orange-Lackierung auffällt.

SCHNELLE FAKTEN

In der sagenhaft kurzen Zeit von nur 2,5 Sekunden beschleunigt der Veyron 16.4 von 0 auf 100 km/h und bremst innerhalb von 2,3 Sekunden wieder in den Stand ab.

SUPERSPORTWAGEN
Die Grenzen austesten

Immer auf der Überholspur! Hypercars sind eine kleine Gruppe exklusiver Fahrzeuge, die selbst den Supersportwagen in Leistung und Preis davonfahren. Sie werden nur in sehr geringen Stückzahlen hergestellt. Bauweise und Tuning der Kraftprotze holen das Maximum aus den neuesten Technologien und Komponenten heraus. Die Kosten spielen dabei kaum eine Rolle. Bitteschön: die stärksten Renner, die momentan auf den Straßen zu sehen sind.

Der hohen Geschwindigkeit des Hennessey Venom GT liegt ein simples Prinzip zugrunde: extreme Leistung und geringes Gewicht. Die Leistung erzeugt der 1-Liter-V8-Motor, das geringe Gewicht ist den Komponenten aus leichten Carbonfasern zu verdanken. Hennessey Performance hat die Produktion des Venom GT auf 29 Fahrzeuge weltweit begrenzt.

FAHRT ZUM WELTREKORD
Der in Texas gebaute Hennessey Venom GT basiert auf dem Fahrgestell des Lotus Exige, das jedoch stark verändert wurde. Man hat ihm einen kräftigen 1-Liter-V8-Motor spendiert, der 1244 PS erzeugt und den Wagen in nur 13,63 Sekunden von 0 auf 300 km/h beschleunigt. Im Februar 2014 erreichte er auf der ehemaligen Landebahn des Space Shuttles im Kennedy Space Center eine Geschwindigkeit von 435,31 km/h. Weltrekord!

Ein Sechsgang-Renngetriebe überträgt die Kraft auf die Hinterräder des Venom GT. Für optimales Bremsverhalten sorgen die beißfreudigen Carbon-Keramik-Bremsen, bei denen pro Rad sechs Kolben wirken.

LEICHTGEWICHT AUS SCHWEDEN

Die schwedische Fahrzeugmanufaktur Koenigsegg Automotive AB hat im Jahr 2011 den Hypercar Agera R vorgestellt. Die Modelle des Serienfahrzeugs wurden mit etlichen Innovationen veredelt. Die Felgen zum Beispiel bestehen komplett aus Carbon und sind damit um 40 Prozent leichter als herkömmliche Aluminiumfelgen gleicher Größe. Das Fahrzeug wiegt nur rund 1300 kg und wird über 400 km/h schnell.

FLACHER SPITZENREITER

Der Lamborghini Aventador LP700-4 ist 4,78 m lang und nur 1,136 m hoch. Sein 6,5-Liter-V-12-Motor leistet 700 PS, die den exklusiven Sportwagen innerhalb von 3 Sekunden auf 100 km/h beschleunigen. Auch das Siebenganggetriebe ist ein Renner. In Bruchteilen von Sekunden kann der Fahrer von einem Gang in den nächsten wechseln.

Die nach oben schwenkenden Scherentüren des Aventador sind fast ein Markenzeichen des italienischen Sportwagenherstellers. Schon 1974 hat er sie in seinem Lamborghini Countach verwendet.

CRASHTEST
Unfall per Knopfdruck

Ein Fahrzeug knallt mit hoher Geschwindigkeit auf ein Hindernis. Keine Sorge. Es handelt sich um einen Crashtest, wie ihn alle Fahrzeughersteller durchführen müssen. Mit solchen Kollisionsversuchen können die Autobauer ihre Sicherheitssysteme überprüfen. Sie testen dabei verschiedene Anprallsituationen und beobachten, was passiert, wenn ein Wagen von vorne, von hinten oder von der Seite auf ein Hindernis stößt. Großes Interesse gilt dabei der Fahrgastzelle: Wie stark wird sie beim Aufprall beschädigt, was passiert, wenn sich der Wagen überschlägt, und wie hoch ist die Sicherheit der Insassen?

Ein Toyota Crown Sedan (links) und ein Toyota Yaris sind Teil dieses Crashtests. Hier wird untersucht, wie ein seitlich versetzter Frontalaufprall auf die Fahrzeuge wirkt. Die Kräfte, die hier zugange sind, entsprechen denen eines Frontalaufpralls. Sie konzentrieren sich aber auf einen kleineren Bereich der Fahrzeuge.

AUFGEBLASENER RETTER

Im Jahr 1987 wurde der Porsche 944 als erster Sportwagen mit einem Fahrer- und Beifahrerairbag ausgestattet. Heute sind Fahrer-, Beifahrer- und Seitenairbags Standard bei allen Serienwagen. Meldet ein spezieller Sensor einen Aufprall von bestimmter Stärke, dann wird der Airbag ausgelöst. Innerhalb von Millisekunden treten Gase in den Nylonsack ein und blasen ihn auf. Kopf und Brust des Fahrers werden von dem Kissen aufgefangen und geschützt.

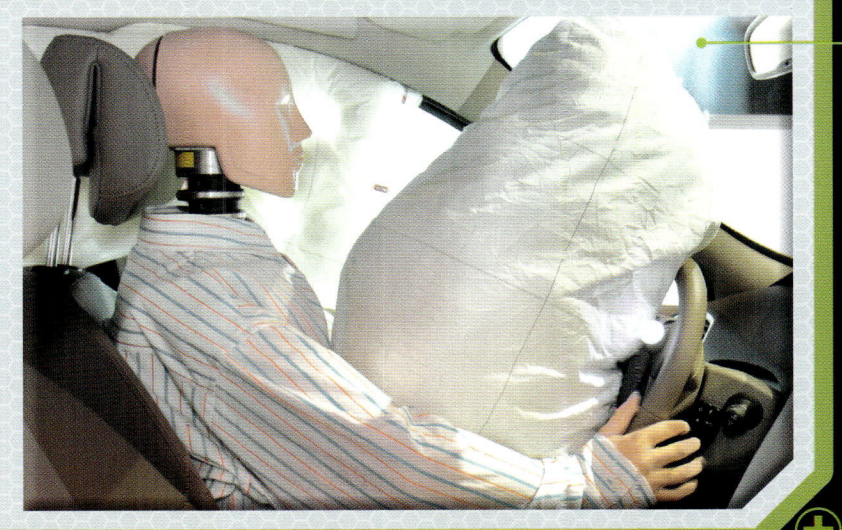

Ein Toyota Yaris prallt in einen Crown Sedan. Die Bilder der Hochgeschwindigkeitskameras zeigen, wie die Fahrzeuge beim Aufprall reagierten.

GEDULDIGE PUPPE

Lebensgroße Puppen simulieren bei einem Crashtest die Fahrzeuginsassen. Die sogenannten Dummys werden in unterschiedlichsten Größen produziert, um Menschen jeden Alters und jeder Statur gerecht zu werden. Beim Crashtest werden die Dummys mit vielen Sensoren bestückt. Sie messen die Kräfte, die beim Aufprall auf den Körper wirken.

KULT-AUTOS

Viele Automodelle feierten riesige Erfolge, wurden in großen Stückzahlen produziert oder erreichten so hohes Ansehen, dass die Besitzer oftmals Neid ernteten. Aber nur wenige Automodelle wurden zu echten Ikonen, die von der Fangemeinde ebenso bejubelt wurden wie von im Prinzip leidenschaftslosen Autonutzern. Modelle wie der VW Käfer, der Porsche 911 oder der Mercedes Benz 300 SL haben wegen ihrer schönen Silhouette, ihrer Motorleistung und ihrer wegweisenden Neuerungen Geschichte geschrieben.

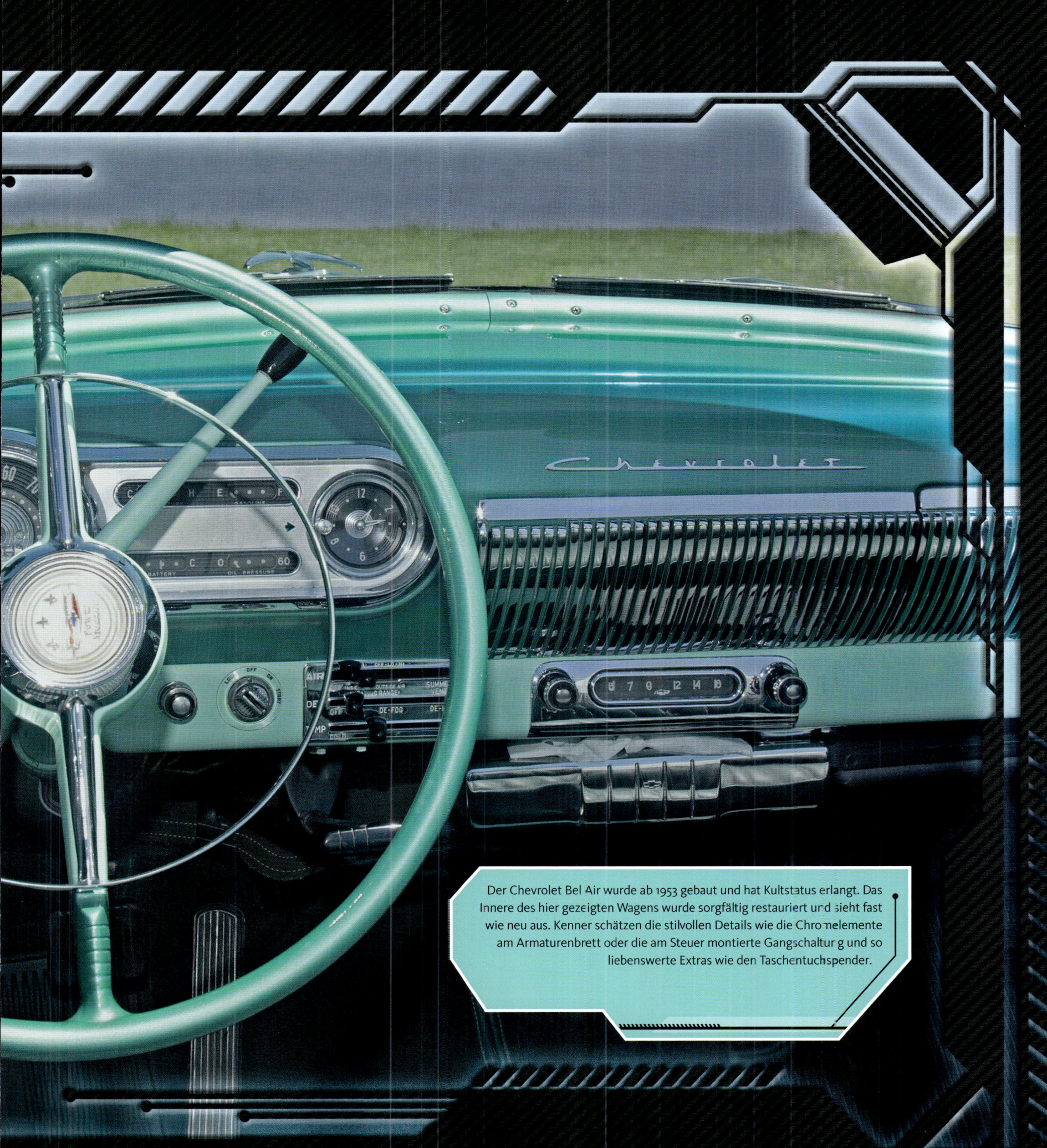

Der Chevrolet Bel Air wurde ab 1953 gebaut und hat Kultstatus erlangt. Das Innere des hier gezeigten Wagens wurde sorgfältig restauriert und sieht fast wie neu aus. Kenner schätzen die stilvollen Details wie die Chromelemente am Armaturenbrett oder die am Steuer montierte Gangschaltung und so liebenswerte Extras wie den Taschentuchspender.

PORSCHE 911
Langlebiger Klassiker

Als Ferdinand „Butzi" Porsche einen Nachfolger für den Porsche 356 entwarf, dachte er nicht, dass aus diesem Entwurf ein vielgeliebtes Meisterwerk werden würde. Der Porsche 911 läuft seit mehr als 50 Jahren vom Band. Diesen Rekord wird wohl kein Sportwagen so schnell überbieten. Der Inbegriff der Marke Porsche wurde über 820 000-mal produziert.

Der Porsche 911 GT3 von 2014 beschleunigt in 3,5 Sekunden von 0 auf 100. Die Höchstgeschwindigkeit beträgt 315 km/h.

STRASSE UND RENNSTRECKE

Im September 1963 wurde der „Neunelfer" auf der Frankfurter Automobilmesse erstmals der Öffentlichkeit vorgestellt. Der Zweisitzer mit zwei Notsitzen hatte einen 2-Liter-Heckmotor und fuhr 210 km/h Spitze. Er wurde zum Star, nicht nur auf öffentlichen Straßen, sondern auch bei berühmten Motorsportveranstaltungen. Der Porsche 911 gewann viermal die Rallye Monte Carlo, er siegte im 24-Stunden-Rennen von Daytona und bei GT3-Meisterschaften.

DAS TARGA-DACH

Im Jahr 1966 brachte Porsche den ersten 911 Targa auf den Markt. Das Dach ist abnehmbar. Übrig bleibt ein Sicherheitsbügel, der sich hinter den Vordersitzen über das Auto spannt. Mit dem Begriff Targa bezeichnet Porsche noch heute Modelle mit einer entsprechenden Dachkonstruktion. Andere Hersteller haben dieses Prinzip übernommen. Man findet es zum Beispiel bei Versionen des Lotus Elise und der Dodge Viper. Einige Modelle des 911er bekamen in den 1990er-Jahren ein einfahrbares Glasdach.

Serienmäßig eingebaute Bi-Xenon-Scheinwerfer leuchten die Straße aus. Für Sauberkeit sorgt eine Reinigungsanlage.

STETIGER WANDEL

Im Lauf der Jahrzehnte wurde der Porsche 911 stetig modifiziert. Geblieben aber sind der Heckantrieb sowie die Grundzüge des Designs. Die stählernen Stoßstangen wurden 1974 durch Aluminium, und 1989 wiederum durch Kunststoff ersetzt. Im Jahr 1997 wechselte man mit dem Modell 996 auf einen wassergekühlten Motor. Heckspoiler wurden in unterschiedlichsten Varianten auf der Motorhaube montiert, darunter auch der sogenannte „Entenbürzel" des 911 Sport Classic und der ein- und ausfahrbare Spoiler des neuen Porsche Turbo.

FERRARI 250 GTO
Ein echter Hengst

Er gilt als Anwärter auf den Titel „Schönster Sportwagen, der je gebaut wurde": der Ferrari 250 GTO. Mit ihm wollte der italienische Autobauer gegen den attraktiven E-Type antreten, den der Rivale Jaguar 1961 enthüllt hatte. Ferraris Chefkonstrukteur Giotto Bizzarrini und später Mauro Forghieri arbeiteten rund um die Uhr an der Entwicklung des ehrwürdigen Sportwagens. Mit nur 39 Exemplaren ist der Ferrari 250 GTO einer der meistbegehrten Sportwagenklassiker.

Die 16,5 cm breiten Hinterräder sind mit Dunlop-Reifen bestückt. Der Radstand beträgt 2,4 m in der Breite und 4,33 m in der Länge.

KRAFTPAKET
Der 3-Liter-V12-Motor, der den Ferrari 250 GTO bewegt, ist eine Modifikation des Motors, der auch dem Ferrari Testa Rossa Power gab. Der Motorblock aus Aluguss ist vorne, recht bodennah angeordnet und leistet bis zu 300 PS. Die Kraftübertragung erfolgt über ein Fünfganggetriebe, wie es damals eher unüblich war. Die Abgase werden über vier Auspuffrohre am Heck ausgeleitet.

DESIGN UND AUFBAU

Die eleganten Rundungen des Ferrari 250 GTO entwarf der Designer Sergio Scaglietti, der auch dem Testa Rossa seine schöne Silhouette schenkte. Ein Aluminiumaufbau bedeckt den Rohrrahmen aus Stahl. Das Innere ist vergleichsweise schlicht. Es beschränkt sich auf wenige Instrumente und verzichtet auf ein Gebläse.

RENNCHAMPION

Der Ferrari 250 GTO wurde als Straßenfahrzeug konzipiert, seine Leistungsfähigkeit aber bewies er erst auf der Rennstrecke. Mit seiner aerodynamischen Form, dem Leergewicht von nur 880 kg und dem starken Motor brachte es der sportliche Flitzer auf eine Topgeschwindigkeit von 280 km/h. Der Sprint von 0 auf 100 gelang ihm in unter 6 Sekunden. Der Ferrari 250 GTO gewann viele Rennen. Unter anderem bei der GT-Weltmeisterschaft, in Le Mans und bei der Targa Florio.

Geformtes Plexiglas legt sich um die Scheinwerfer und begünstigt die Aerodynamik.

Auf der Motorhaube lassen sich drei D-förmige Lufteinlässe öffnen, die dem Renner zusätzliche Kühlung zufächeln.

VW KÄFER
Zuverlässiger Kugelporsche

Das beliebteste Auto der Welt verließ 1939 erstmals die Fabrikhallen. Erst im Jahr 2003, nach 21,5 Mio. verkauften Exemplaren, wurde die Produktion des VW Käfers eingestellt. Sein unverwechselbares Design, die einfache Mechanik und der niedrige Preis machten den VW Käfer zum Lieblingsauto vieler Millionen Kraftfahrer.

Mit dem New Beetle brachte VW 1997 ein Auto im Retro-Design auf den Markt. Sein Motor steckt unter der Fronthaube.

WAGEN FÜR DAS VOLK

Schon im Jahr 1943 unterschrieb der Ingenieur Ferdinand Porsche einen Auftrag der deutschen Regierung zum Bau eines „Wagens für das Volk". Er sollte billig, zuverlässig und für viele Menschen erschwinglich sein. Außerdem musste er mindestens fünf Personen über das neu angelegte Straßennetz Deutschlands befördern können. Porsche legte schließlich ein Auto vor, das die Käufer nur wenig mehr als ein Motorrad kosten sollte. Dieser Wagen aber wurde erst nach dem Ende des Zweiten Weltkriegs in Serie gefertigt.

Der Kofferraum des VW Käfer lag unter der Fronthaube. Weiteres Gepäck konnte man hinter den Rücksitzen verstauen.

WANDEL IN DETAILS

Das erste Modell des Käfers prahlte mit seinem Vierzylinder-Boxermotor, der unter der Heckhaube saß, und der beheizbaren Fahrgastzelle. Anderes aber war möglichst einfach gehalten. Alle Wagen wurden einheitlich graublau lackiert, die Bremsen funktionierten per Seilzug und es gab keine Kraftstoffanzeige. Bei den vielen folgenden Modellen wurden daher im Lauf der Jahre rund 78 000 Modifikationen vorgenommen. Nur die charakteristische Kugelform blieb unverändert.

Ab 1968 eroberte der VW Käfer auch die Kinoleinwände. Als „Herbie" trat er erstmals in dem Film „Ein toller Käfer" auf.

Der unter der Heckhaube sitzende Motor leistete 24 PS. Damit brachte es der Käfer auf eine Spitzengeschwindigkeit von 100 km/h.

Bei der ursprünglichen Wschwasseranlage des VW Käfer verzichtete man auf einen Elektromotor. Man ließ sie über den Reifendruck des Ersatzrades laufen, das unter der Fronthaube verstaut war.

MEILENSTEINE

In den 50er- und 60er-Jahren des 20. Jhs. stieg die Nachfrage nach dem Käfer stark an. Jetzt gab es den „Kugelporsche" auch als Cabrio. Einzelne Modelle wurden sogar fit für Geländerennen gemacht. Die Wolfsburger produzierten nun auch einen Sportwagen und stellten 1971 mit dem VW 1303 einen Superkäfer auf die Räder. In Emden rollte 1978 der letzte in Deutschland gefertigte Käfer vom Band. Die Fertigung wurde aber bis 1986 in Brasilien und bis 2003 in Mexiko fortgesetzt.

FORD MUSTANG
Verkaufsschlager

Der Ford Mustang ist eine amerikanische Ikone. Er war der Namensgeber der sogenannten „Pony Car"-Klasse, zu der erschwingliche, kompakte Fahrzeuge mit schnittiger Silhouette und sportlicher Leistung zählten. Schon am Tag des Verkaufsstarts im Jahr 1964 wurde der Ford Mustang 22 000-mal bestellt. Innerhalb der folgenden beiden Jahre ging dieses Fahrzeug 1 Mio. Mal über den Ladentisch. Am Lenker des Mustangs saßen Filmstars, Rennfahrer und mit Bill Clinton auch ein amerikanischer Präsident. Noch heute wird der Mustang produziert.

AUFGERÜSTET

Im Lauf der vergangenen 50 Jahre gönnte Ford dem Mustang ein mehrmaliges Facelifting in Design und Technik. Der schnellste Mustang der ersten Generationen war der Boss 429 aus dem Jahr 1969. Ein V8-Motor mit 375 PS beschleunigte ihn innerhalb von rund 5,5 Sekunden von 0 auf 100 km/h. Im Shelby GT 500 von 2013 röhrte ein 662-PS-Motor, der diesen Sprint in nur noch 3,5 Sekunden hinlegte.

Auf dem recht breiten Kühlergrill der ersten Generationen des Mustangs wurde das Logo befestigt: das galoppierende Pferd.

Für die Lackierung der Stahlkarosserie standen 15 Farben zur Auswahl.

WERBUNG AUF HOHEM NIVEAU

Im Jahr 1966 stellte Ford seinen neuen Mustang auf der Aussichtsplattform des Empire State Building in New York aus. Im Jahr 2014 wiederholte der Hersteller diese Werbekampagne. Die Mechaniker mussten dazu ein Mustang Cabrio in Einzelteile zerlegen, mit den Fahrstühlen in 320 m Höhe transportieren und dort zusammensetzen.

Der 1968er-Mustang 428 Cobra Jet fuhr eine Spitzengeschwindigkeit von 204 km/h. Der Shelby GT 500 von 2013 bringt es auf 305 km/h.

RENNFIEBER

Seit der Ford Mustang 1964 beim Indianapolis 500 als Sicherungsfahrzeug eingesetzt wurde, ist er aus dem Rennsport nicht mehr wegzudenken. Das galoppierende Pferd war bei Straßenrennen und Rallyes mit dabei. Im Jahr 2011 trat es erstmals bei der Nationwide Series der NASCAR an den Start.

MERCEDES BENZ 300 SL
Sportlich leicht, sportlich schnell

Die deutsche Automobilindustrie erlebte 1954 bei der Automobilausstellung in New York eine Glanzstunde, als der Mercedes Benz 300 SL enthüllt wurde. Dieses Coupé mit der Leistung eines Sportwagens stach durch seine elegante Karosserie, die in Rot gehaltene Innenausstattung und die ungewöhnlichen Türen ins Auge. Die Automobilwelt klatschte begeistert Beifall.

Raum war im Mercedes Benz 300 SL knapp. Um bequemer ein- und aussteigen zu können, wurde des Lenkrad Richtung Armaturenbrett geklappt.

VORLÄUFER IM RENNSPORT

Im Jahr 1952 stieg Mercedes Benz wieder in den Rennsport ein. Damals schickte man den Mercedes LS 300 W 194 an den Start. Dieser stromlinienförmige Sportwagen war bereits mit den auffallenden Türen ausgestattet, die von der Scheibenunterkante bis zur Dachmitte reichten und wie „Möwenflügel" aufschwangen. Noch im selben Jahr trat der Flitzer bei der Mille Miglia, auf dem Nürburgring und beim 24-Stunden-Rennen von Le Mans an. Die größte Herausforderung aber war die mehrtägige Carrera Panamericana, bei der Mercedes einen Doppelsieg errang.

Auf Wunsch und mit Aufpreis konnte die Stahlkarosserie durch eine leichtere Aluminiumkarosserie ersetzt werden.

VOM RENNSPORT ZUM STRASSENWAGEN

Im Jahr 1954 entwickelte Mercedes Benz mit dem Mercedes 300 SL eine Straßenversion des W 194. Wie sein Vorgänger besaß das Coupé die markanten Flügeltüren. Es wurde jedoch mit einem Reihen-6-Zylinder-Motor ausgestattet und als erstes Serienfahrzeug der Automobilgeschichte mit Benzindirekteinspritzung. Der 215-PS-Motor brachte es auf eine Spitzengeschwindigkeit von mehr als 240 km/h.

Mit Federkraft und Hydraulik öffneten sich die Flügeltüren. Ihre Scheiben konnten nicht heruntergekurbelt werden, daher staute sich in der Fahrgastzelle die Luft.

ROADSTER

Mercedes Benz bot seinen 300 SL ab 1957 als Roadster an. Bei der neuen Karosserieversion wurden diverse Veränderungen vorgenommen. Die Hinterradaufhängung wurde verändert, die Flügeltüren mussten normalen Seitentüren weichen. Chassis und Armaturenbrett erhielten ein neues Design. Der Benzintank war auf 100 l begrenzt, wodurch man Platz für mehr Stauraum schuf. Der Roadster war besonders in den USA sehr beliebt.

LAMBORGHINI MIURA
Der Pionier unter den Sportwagen

Mit dem Bau von Traktoren hatte sich Ferruccio Lamborghini längst einen Namen gemacht, als er ein Produkt aus der Autoschmiede Enzo Ferraris bemängelte. Weil man sich dort aber nicht auf Verbesserungsvorschläge einlassen wollte, beschloss Lamborghini kurzerhand, selbst Sportwagen herzustellen. Er gründete 1963 eine Fabrik und verkaufte ab 1964 sein erstes Fahrzeug, den Lamborghini 350 GT. Im folgenden Jahr machte ein Team unter der Leitung des Ingenieurs Gian Paolo Dallara den Sportwagenhersteller weltweit bekannt, als es den Lamborghini Miura vorstellte.

Bei einer Länge von 4,37 m und einer Breite von 1,76 m war der Lamborghini Miura nur 1,05 m hoch.

Die Schweinwerfer des Miura schwenkten bei Bedarf hoch. Waren sie nicht im Einsatz, wurden sie einfach in die Karosserie geklappt.

DAS PROJEKT P400

Der Prototyp des Miura wurde als Miura P400 vorgestellt. Als revolutionär galt die Position seines V12-Motors, der unmittelbar hinter den Sitzen positioniert worden war. Das Lamborghini-Team hatte sich diese Lösung bei Rennwagen abgeschaut und erstmals auf ein Straßenfahrzeug übertragen. Als weitere Besonderheit war der Motor quer eingebaut, wodurch der Wagen kürzer gehalten werden konnte.

SCHLANKE GESTALT

Erst 25 Jahre alt war Marcello Gandini, als er die aerodynamische Karosserie des Miura entwarf. Gestalt und Motor machten den flachen Italiener zu einem der schnellsten Serienfahrzeuge der damaligen Zeit. Mit seiner Spitzengeschwindigkeit von 270 km/h und einer Beschleunigung von 0 auf 100 in unter 6,8 Sekunden raste der Sportwagen seinen Konkurrenten aus dem Hause Ferrari elegant davon. Von den drei Hauptversionen des Miura, die bis 1972 entwickelt wurden, hat Lamborghini mehr als 750 Exemplare verkauft. Dann überließ der Miura das Feld dem kantigen Countach, der ebenfalls von Marcello Gandini entworfen wurde. Zu dieser Zeit ging der Trend bereits zu Sportwagen mit Mittelmotor, wie sie Lamborghini entwickelt hatte.

Der V12-Mittelmotor des ersten Miura hatte einen Hubraum von 3929 ccm und leistete 350 PS.

JAGUAR E-TYPE
Englischer Klassiker

Der schickste Klassiker aus britischer Produktion ist der Jaguar E-Type. Selbst der große Autobauer Enzo Ferrari war von seiner Eleganz angetan. Als er den Sportwagen bei seinem Debüt auf dem Genfer Auto-Salon von 1961 sah, bezeichnete er ihn als das „schönste Fahrzeug, das je produziert wurde". Nicht nur Design und Leistung überzeugten die Kunden, sondern auch der relativ günstige Preis. Der E-Type war billiger als ein Ferrari oder Maserati.

Die Kraftübertragung auf die Hinterachse erledigte ein Viergang-Schaltgetriebe. Die Abgase wurden über zwei mittig sitzende Auspuffrohre ausgelassen.

VON ANDEREN BRANCHEN LERNEN

Die ungewöhnlich weichen Linien und die lange Nase des Jaguar E-Type sind Malcolm Sayer zu verdanken. Der Ingenieur hatte bereits bei einem Flugzeughersteller gearbeitet und sich dort mit Fragen der Aerodynamik auseinandergesetzt. Nun sollte die Autoindustrie von seinem Wissen profitieren. Schon für den Jaguar D-Type hatte Sayer ein Monocoque entworfen, ein Fahrgestell, das aus einem Guss bestand. Mit seinem geringen Gewicht fuhr es den Rennwagen in Le Mans 1955, 1956 und 1957 zum Sieg.

Für ein normales Kennzeichen war vor der Kühleröffnung des Jaguar E-Type kein Platz. Der Besitzer musste sich mit einem Klebeschild auf der Motorhaube behelfen.

SERIE I UND SERIE II

Der Jaguar E-Type war als Coupé, aber auch als Roadster zu haben. Das Fahrzeug verfügte über eine hintere Einzelradaufhängung, Scheibenbremsen und einen 3,8- oder 4,2-Liter-Reihensechszylinder. In 7 Sekunden beschleunigte es von 0 auf 100 km/h und erreichte eine Spitzengeschwindigkeit von 240 km/h. Ab 1968 kam der E-Type Serie II auf den Markt. Zu den Neuerungen gehörten größere Stoßfänger sowie eine größere Kühleröffnung. Die Scheinwerfer waren nun nicht mehr abgedeckt.

E-TYPE SERIE III

Der Automobilhersteller Jaguar gönnte dem E-Type 1971 nochmals eine Überarbeitung und ließ die Serie III vom Band rollen. Ihr neu entwickelter 5,3-Liter-V12-Motor leistete 272 PS. Dieser Kraftprotz röhrte auch in späteren Jaguarmodellen, wie dem XJS und dem XJ12. Mit der Serie III endete die Karriere des Jaguar E-Type. Nach 14 Jahren Bauzeit und rund 72 500 Fahrzeugen wurde die Produktion eingestellt.

SKURRILE AUTOS

Im Lauf der Automobilgeschichte machten viele Fahrzeuge wegen ihres spektakulären Designs oder ihrer außergewöhnlichen Bauweise Schlagzeilen. Manche wurden zum Spaß gebaut, manche als Wettkampfansage oder um Aufsehen zu erregen. Wieder andere waren ein Versuch ihrer Entwickler, die Grenzen auszutesten oder einer nützlichen Erfindung den Weg zu bereiten. Zu ihnen gehören fliegende Autos, Amphibienfahrzeuge, die sowohl an Land wie auch im Wasser fahren können, sowie Gefährte, die alle Rekorde knacken sollten. Ganz ehrlich – ob in einer 26-rädrigen Stretchlimo oder einem Raketenauto – da draußen sind echt wilde Ritte möglich!

Mit einer Höhe von nur 48,26 cm darf sich das Flatmobile als das niedrigste Fahrzeug der Welt mit Straßenzulassung bezeichnen. Der „Vater" dieser Flunder auf vier Rädern ist der Brite Perry Watkins. Er hat seinem Produkt einen selbst gebauten Motor mit dem Turbolader eines Volvo-Lasters der Serie FL10 verpasst.

NEUE DIMENSIONEN
Verrücktes auf Rädern

Manche Fahrzeuge erregen wegen ihrer sportlich-eleganten Karosserie oder wegen ihrer röhrenden Motoren Aufmerksamkeit. Andere ziehen den Blick wegen ihres extremen Designs oder ihrer Größe auf sich.

Hinter den getönten Scheiben unterhält eine starke Musikanlage und ein DVD-System mit Flachbildschirm die Gäste, die ihren Durst an einer Bar mit Kühlschrank stillen können.

LANG GESTRECKT

Stretchlimousinen kutschieren Partygäste durch die Städte. Für die lang gestreckten Hingucker werden Serienwagen nach einem simplen Prinzip verlängert: Man zerschneidet das Basisfahrzeug hinter der B-Säule und schweißt eine Zwischensektion in die entstandene Lücke. Als Basisfahrzeuge dienen Mittelklasse-Limousinen wie der Cadillac von General Motors, aber auch ein Hummer kann zur Stretchlimo umgebaut werden. Sogar vom Mini Cooper S gibt es eine XXL-Version. Das 6 m lange Gefährt aus Los Angeles wurde mit einer dritten Hinterachse verstärkt und besitzt einen Whirlpool.

Ein Hummer H2 diente als Basisfahrzeug für diese pinkfarbene Stretchlimo. Das ursprünglich rund 5 m lange Fahrzeug wurde um das Doppelte verlängert und bietet nun Platz für 16 Gäste.

ÜBERDIMENSIONIERT

Als längste Limo gilt die „American Dream" des Autoschraubers Jay Ohrberg. Sie war 30,5 m lang und rollte auf 26 Rädern über die Straßen. Mit an Bord waren ein Swimmingpool und ein Bett. Der größte Pritschenwagen der Welt ist eine Replik eines Dodge Power Wagon (rechts). Scheich Hamad bin Hamdan Al Nahyan ließ sich den Riesen für sein Museum in der Wüste von Dubai bauen. In der achtfachen Vergrößerung des Dodge Power Wagon ist Platz für vier Schlafzimmer.

Der 49-ccm-Motor des Peel P50 leistet 3,4 PS. Er erreicht eine Spitzengeschwindigkeit von 45 km/h.

MINIMALISTISCH

Im Jahr 1962 war der Peel P50 das kleinste Serienfahrzeug der Welt. Eine neue Version des dreirädrigen Gefährts wurde 2011 aufgelegt. Der Einsitzer ist nur 1,37 m lang, 1,04 m breit und 1,20 m hoch. Er verfügt über eine Tür, einen Wischer und einen Scheinwerfer. Weil es keinen Rückwärtsgang hat, wird das 60-kg-Fahrzeug per Muskelkraft in die Parklücke bugsiert.

WANDELBAR

Dieses Fahrzeug ist weder Auto noch Motorrad. Es fällt unter die Fahrzeugklasse „dreirädriges Fahrzeug". Mit seinem Sechsganggetriebe und dem Steuerrad gleicht der Zweisitzer einem Auto. Der Hinterradantrieb aber erfolgt wie bei Motorrädern über eine Kette. Mit ihren 160 PS bringt es die 470 kg schwere Maschine auf eine Topgeschwindigkeit von 210 km/h.

EINZEL-ANFERTIGUNGEN
Voll abgefahren

Seine Fantasie beweist der Autobauer mit verrückten, schrägen und doch genialen Einzelanfertigungen. Manche dieser Produkte sind aufpolierte Oldtimer, während andere – so wie der Blastolene Special – alte Komponenten in einem brandneuen Aufbau wiederverwerten. Beim Blastolene beispielsweise wurden das Getriebe eines Reisebusses und der 810-PS-Motor des Kampfpanzers M47 in eine speziell angefertigte Aluminium-Karosserie gepackt.

„Fast Food" – schnelles Essen – heißt dieses Fahrzeug, das nie ohne Speisetisch, Stühle, Geschirr und Kerzen auf Touren geht. Es basiert auf dem Fahrgestell des Reliant Scimitar Sabre. Das Gefährt fuhr 2010 auf dem Santa Pod Raceway in England.

HOTRODS

Mit dem Begriff „Hotrods" bezeichnet man amerikanische Automobile der 1920er- bis 40er-Jahre, die von geschickten Autofreaks nach eigenem Geschmack aufgemotzt wurden. Man nahm Blechteile ab, baute stärkere Motoren ein und lackierte die Karosserie mit auffälligen Motiven. So wurde zum Beispiel aus einem Ford Modell T ein scharfes Hotrod. Auch jüngere Autos nahmen die Bastler unter ihre Schweißgeräte und bezeichneten sie als „Custom Cars".

RENNER AUF SECHS RÄDERN

Verschiedene Rennsportteams haben sich an sechsrädrigen Fomel-1-Wagen versucht, doch nur der Tyrrell P34 hat es zum Starting-Grid geschafft. Um den Luftwiderstand des Formel-1-Wagens zu verringern, gab man ihm kleine Vorderräder, die jedoch die Bodenhaftung verminderten. Den Ausgleich schufen zwei zusätzliche Vorderräder. Mit seinen sechs Rädern fuhr der P34 im Jahr 1976 als Erster beim Großen Preis von Schweden ins Ziel.

Die Vorderräder des 575 kg schweren P34 hatten einen Durchmesser von 25 cm und waren eine Spezialanfertigung.

REKORDVERDÄCHTIG

Der Wunsch, neue Rekorde zu erzielen, hat die merkwürdigsten Fahrzeuge hervorgebracht. Dazu gehören das niedrigste Auto der Welt, das sogenannte Flatmobile (siehe S. 7), sowie das kleinste straßentaugliche Fahrzeug, das Wind Up. Beide Vehikel stammen aus der Werkstatt von Perry Watkins. Der Tüftler verwendete für das Wind Up ein mit Münzen betriebenes Kinderauto, in das er einen Quad-Motor mit 150 ccm Hubraum einbaute. Zum Ein- und Aussteigen hebt der Fahrer einfach den Aufbau des Gefährts hoch.

Unter dem Tischtuch versteckt sich ein 3,5-Liter-V8-Motor. Er beschleunigt den Speisetisch auf gut 180 km/h.

AMPHIBIENFAHRZEUGE
Grenzenlos mobil

Manche Autos sind nicht nur auf Straßen und im Gelände unterwegs, sondern können auch durchs Wasser pflügen oder in die Luft abheben. Die meisten dieser ungewöhnlichen Fahrzeuge schaffen es nicht über den Test- oder Prototyp hinaus. Doch es gibt Modelle, die kommerziell hergestellt und in beachtenswerten Stückzahlen produziert wurden.

Für die Fortbewegung im Wasser sorgt der Jetantrieb des Panther. Er saugt Wasser an und stößt es am Heck wieder aus, wodurch das Amphibienfahrzeug vorangetrieben wird. Das Gefährt ist stark genug, um einen Wasserskifahrer zu ziehen.

AMPHIBIENFAHRZEUGE
Fahrzeuge, die sowohl im Wasser als auch an Land fahren können, wurden zunächst für den militärischen Gebrauch entwickelt. Nach dem Zweiten Weltkrieg hat man sie auch als Zivilfahrzeuge gefertigt. Das erste in Serie gebaute Amphibienfahrzeug war das Amphicar 770, das 1960 bis 1963 entstand. Mit seinem 38-PS-Reihenmotor fuhr es im Wasser rund 13 km/h schnell. Der Gibbs Humdinga (oben) hingegen flitzt mit 65 km/h über das Wasser.

DER WATERCAR PANTHER
Eines der schnellsten Amphibienfahrzeuge der Welt ist der WaterCar Panther. Angetrieben von einem 3,7-Liter-Motor beschleunigt er auf der Straße auf mehr als 120 km/h und auf dem Wasser auf 70 km/h. Den Wechsel vom Land- zum Wasserfahrzeug schafft der WaterCar innerhalb von 15 Sekunden. Per Knopfdruck werden die Räder eingezogen und der Wasserstrahlantrieb wird aktiviert. Der Viersitzer ist ab 100 000 Euro zu haben.

FREIFAHRT DURCH DIE LUFT

Zum Flughafen fahren und ohne auszusteigen abheben – diesen Traum macht das Terrafugia Transition möglich. Das Flugauto hob 2009 zum ersten Mal ab. Seine Flügel klappen in nur einer Minute mithilfe eines elektrischen Motors aus. Der 104 PS starke Motor erzeugt eine Reisegeschwindigkeit in der Luft von 160 km/h. Die Reichweite beträgt 660 km. Auf der Straße erreicht das Flugauto eine Höchstgeschwindigkeit von 105 km/h.

Das Terrafugia Transition bietet zwei Personen Platz. Es verfügt über ein Steuerrad und einen Steuerknüppel.

Der SkyRunner hat einen 3-Zylinder-Motor, der 114 PS erzeugt. Tankfüllung und Geschwindigkeit können mittels eines Tablet-Computers angezeigt werden, der am Armaturenbrett angebracht wird.

SKYRUNNER

Ein Vehikel, das das Abenteuer einer Geländefahrt mit dem Erlebnis eines Gleitflugs verbindet, ist der SkyRunner. Das Buggy-ähnliche Fahrzeug verwandelt sich innerhalb von Minuten in einen motorisierten Hängegleiter. Dieser wiegt mit seinem Carbonrahmen und dem kantigen Aufbau aus Fiberglas nur 420 kg. Der SkyRunner erreicht eine Höchstgeschwindigkeit von 180 km/h auf der Straße und gleitet mit einer Reisegeschwindigkeit von knapp 90 km/h durch die Luft.

Der 4,6 m lange Panther gleicht einem Jeep. Seine wasserfeste Karosserie ist aus Fiberglas gefertigt und mit geschlossenporigem Schaumstoff ausgekleidet, der stets guten Auftrieb garantiert.

IMMER SCHNELLER
Geschwindigkeitsrekorde

Seit den Anfängen des Automobilbaus lechzt die Fangemeinde nach Höchstgeschwindigkeiten. Deshalb werden manche Fahrzeuge bis an die Grenzen des Möglichen beschleunigt. Das Maß aller Dinge ist heute der Landgeschwindigkeitsrekord. Dazu muss eine vorgegebene Strecke in beiden Richtungen und innerhalb einer Stunde gefahren werden. Die Durchschnittsgeschwindigkeit dieser Fahrten wird als Ergebnis eingetragen.

PIONIERE UNTER DEN REKORDHALTERN

Der französische Rennfahrer Gaston de Chasseloup-Laubat stellte 1898 den ersten Geschwindigkeitsrekord auf. Mit einem Elektroauto erreichte er eine Topgeschwindigkeit von 63,15 km/h. Nur elf Jahre später durchbrach Victor Hémery mit seinem Blitzen-Benz (links) die 200-km/h-Marke. In den 60er-Jahren des 20. Jhs. überschlugen sich die Rekorde, da die bisher üblichen Verbrennungsmotoren von Strahltriebwerken abgelöst wurden. Mit Strahltriebwerken ausgestattete Fahrzeuge wie der Spirit of America von Craig Breedlove nutzten das Rückstoßprinzip und nicht den direkten Antrieb über die Räder.

THRUST SSC

Im Oktober 1997 gelang dem Militärpiloten Andy Green mit dem Thrust SSC eine neue Höchstleistung. Mit Tempo 1 227,985 km/h durchbrach das Gefährt als erstes Landfahrzeug die Schallmauer. Das 16,5 m lange und 10,5 t schwere Vehikel wurde von einem Rolls-Royce-Spey-Triebwerk bewegt, das man üblicherweise für Kampfflugzeuge verwendet. Um den Thrust SSC zum Stillstand zu bringen, wurden neben Scheibenbremsen auch Bremsschirme eingesetzt.

REKORDBRECHER DER ZUKUNFT

Der Rekord des Thrust SSC soll überboten werden, so meint das Team um Richard Noble. Er und seine Ingenieure entwickeln daher das Bloodhound SSC, das erstmals die Marke von 1 000 m/ph, also 1 600 km/h erreichen soll und damit einen neuen Landgeschwindigkeitsrekord aufstellen wird. Im Cockpit wird dann wieder Andy Green sitzen, der bereits das Thrust SSC zum Rekord gefahren hat.

Das Bloodhound SSC ist mit zwei Triebwerken ausgerüstet: Es fährt mit dem Turbofantriebwerk des Eurofighters Typhoon, der von einem Raketenantrieb unterstützt wird. Mit diesen beiden Antrieben wird das Bloodhound SSC so viel Power haben wie 180 Formel-1-Wagen zusammen.

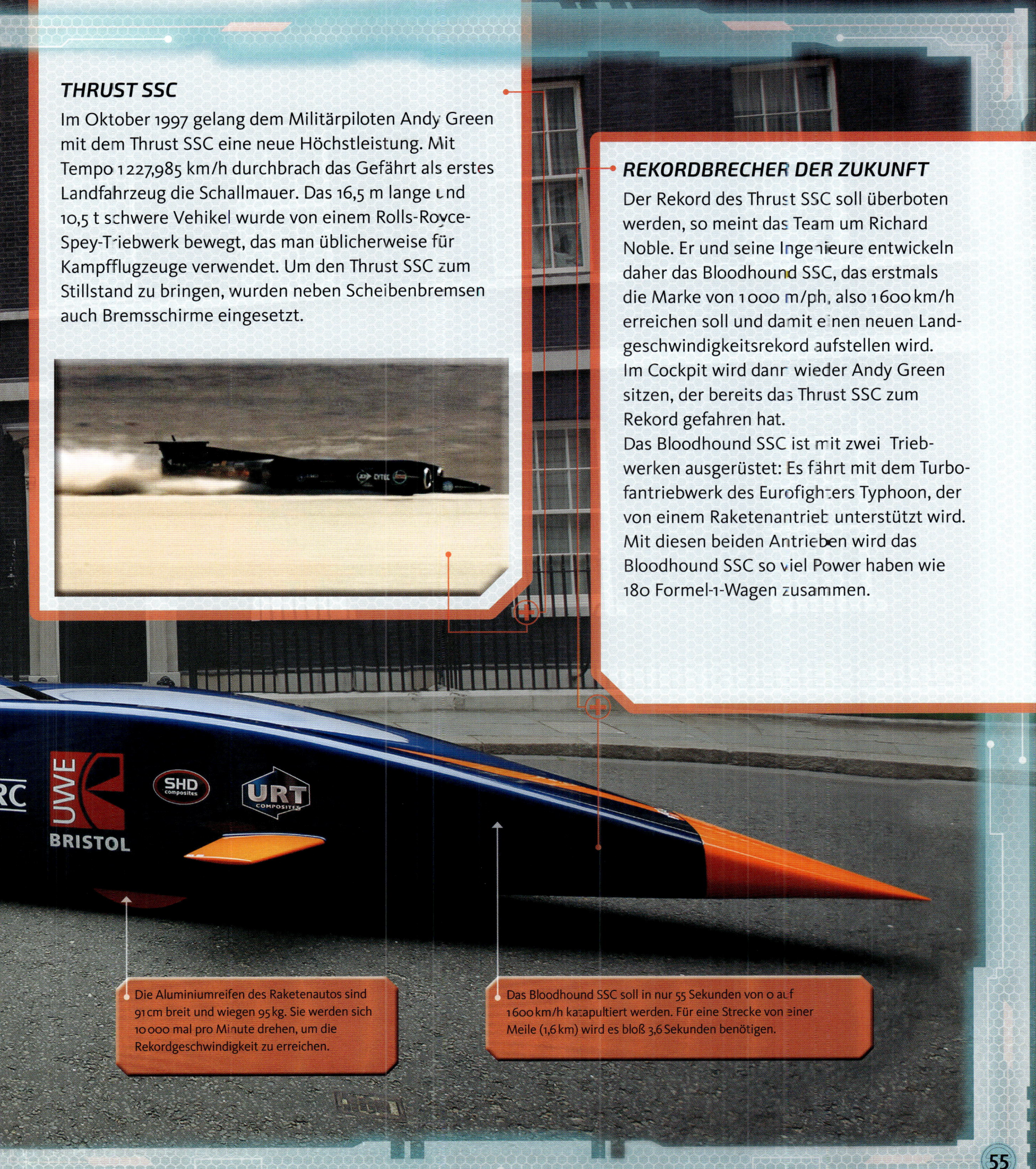

Die Aluminiumreifen des Raketenautos sind 91 cm breit und wiegen 95 kg. Sie werden sich 10 000 mal pro Minute drehen, um die Rekordgeschwindigkeit zu erreichen.

Das Bloodhound SSC soll in nur 55 Sekunden von 0 auf 1 600 km/h katapultiert werden. Für eine Strecke von einer Meile (1,6 km) wird es bloß 3,6 Sekunden benötigen.

RENN-AUTOS

Seit Autos gebaut werden, treten sie auch bei Rennen an. Dabei testet man nicht nur den Mut und das Geschick des Fahrers, sondern auch Design, Leistung, Verlässlichkeit und Ausdauer des Wagens. Heute ist der Automobilsport in verschiedene Disziplinen für unterschiedlichste Klassen gegliedert und hat zahlreiche Veranstaltungen im Programm. Die Palette reicht von den knackigen Dragster-Sprints, die nur wenige Sekunden dauern, über mehrstündige Ausdauerrennen bis zu Rallyes, die viele Tage in Anspruch nehmen. Jede Form des Automobilsports verlangt nach einem bestimmten Fahrzeugtyp. Aufgemotzte Limousinen messen sich bei Tourenwagen-Rennen, robuste Geländefahrzeuge bei Rallyes und superschnelle Einsitzer bei Formel-1- oder IndyCar-Rennen.

Ryan Hunter-Reay führte 2014 beim Grand Prix of Long Beach das Feld mit seinem IndyCar an. IndyCars sind schnelle, leichte Rennwagen, die auf Rennstrecken in den USA gefahren werden. Die Wagen tanken Ethanol-Kraftstoff und erreichen Geschwindigkeiten von rund 360 km/h.

NASCAR-RENNEN
Eine amerikanische Tradition

Schnell, aggressiv und mit röhrendem Sound treten bis zu 40 Fahrzeuge bei NASCAR-Rennen an. Für die Strecken, die zwischen 465 und 970 km lang sind, legen die Teilnehmer teils mehrere hundert Runden eines Kurses zurück. In den frühen Jahren wurden bei den NASCAR-Rennen nur Serienfahrzeuge, sogenannte „Stock Cars", eingesetzt. Heute messen sich bei den Sprint Cups der NASCAR Spezialproduktionen aus den Sportwagenschmieden von Ford, Chevrolet und Toyota.

Der Benzintank fasst rund 67 l Rennbenzin, das etwa 15 Prozent Ethanol enthält.

GEN-6
Zur NASCAR-Saison 2013 wurde ein neu entwickeltes Fahrzeug mit der Bezeichnung Gen-6 eingeführt. Dieser Renner, der beim Daytona 500 erstmals antrat, ist 70 kg leichter als sein Vorgängermodell. Das verdankt er unter anderem der Motorhaube, die nun nicht mehr aus Stahl, sondern aus Carbonfasern gefertigt ist. Der Motor des Gen-6 erzeugt bis zu 850 PS und beschleunigt das Fahrzeug auf 300 km/h.

Weil NASCARs keine Türen haben, klettert der Fahrer über die Fensteröffnung ins Cockpit. Anschließend wird die Öffnung mit einem netzartigen Gewebe verschlossen, damit der Pilot bei einem Unfall nicht aus dem Auto geschleudert werden kann.

DER BOXENSTOPP

Während des Rennens kann der Fahrer die Box ansteuern, um zu tanken, Reifen zu wechseln oder Schäden zu reparieren. Hier muss alles sehr schnell gehen. Fährt das Auto in die Box ein, machen sich sechs Mechaniker ans Werk. Sie sind ein eingespieltes Team und jeder von ihnen hat eine bestimmte Aufgabe. Nur so ist es möglich, dass ein NASCAR-Stopp mit Reifenwechsel und Auftanken innerhalb von nur 12 Sekunden erledigt ist.

SICHERHEITSVORKEHRUNGEN

Auch bei der NASCAR wird großer Wert auf Sicherheit gelegt. Sollte der Fahrer nicht mehr über das Fenster aussteigen können, dient ihm eine Luke im Wagendach als Notausstieg. Ebenfalls auf dem Dach befinden sich die Roof Flaps. Diese kleinen Klappen öffnen sich bei Bedarf und erzeugen Abtrieb, sodass das Fahrzeug nicht abhebt. Der Fahrer selbst muss ein sogenanntes HANS-System tragen. Dieses Schulterkorsett soll ihn vor Verletzungen im Kopf- und Halsbereich schützen.

RALLYE-AUTOS
Mobil bei jedem Wetter

Die Rallye-Weltmeisterschaft, abgekürzt WRC, ist die Krönung des Rallyesports. Alle 13 Einzelrennen verlangen dem Fahrer, dem Kopiloten und dem Fahrzeug Höchstleistungen ab. Mal müssen sie sich durch zerfurchte Pisten, über Hügel, durch Gräben oder Schotter kämpfen. Mal versinken sie im Schlamm, schlittern über Schnee und Eis oder pflügen durchs Wasser.

JEDE SEKUNDE ZÄHLT

Die Rennen der WRC werden auf allen Kontinenten ausgetragen. Jedes Rennen ist in einzelne Wertungsprüfungen auf abgesperrten Strecken und in Verbindungsetappen auf öffentlichen Straßen eingeteilt. Die Wertungsprüfungen finden auf unterschiedlichem Belag statt und müssen so schnell wie möglich gefahren werden. Die einzelnen Zeiten werden am Ende der Saison zusammengezählt. So entscheidet sich, welcher Rennstall zum Champion gekürt wird.

Auf Asphalt fährt der VW Polo R WRC mit 8-x-18-Zoll-Felgen. Auf Schotter oder anderem losen Material werden 7-x-15-Zoll-Felgen eingesetzt.

Über der Windschutzscheibe sitzt ein Lufteinlass. Die hier eindringende Luft kühlt die Fahrgastzelle. Mit seinem Reihen-Vierzylinder-Motor spurtet der Polo innerhalb von 3,9 Sekunden von 0 auf 100 km/h.

Der VW Polo R WRC ist 3,98 m lang, 1,82 m breit und 1,36 m hoch. Ohne Fahrer und Kopilot wiegt er mindestens 1200 kg.

TIEFGREIFENDE UMBAUTEN

Alle Fahrzeuge, die heute bei Rallyes an den Start gehen, basieren auf in Serie produzierten Kleinwagen. Allerdings werden diese stark verändert. Überflüssiges Gewicht wird entfernt, Karosserie und Fahrgestell werden verstärkt. Zur Sicherheit von Fahrer und Beifahrer ist eine Überrollkonstruktion Pflicht. Das Fahrzeug wird mit einem Allradantrieb ausgestattet. Die Regeln der FIA schreiben einen 1,6-Liter-Turbomotor mit Direkteinspritzung vor.

Statt eines einfachen Überrollbügels schützt eine Überrollzelle aus 50 m Stahlrohren den Fahrer und seinen Kopiloten.

DER VOLKSWAGEN POLO R WRC

Volkswagen Motorsport nahm bereits 2011 und 2012 mit dem Škoda Fabia S2000 an der Rallye-Weltmeisterschaft teil, setzte aber ab 2013 auf den neuen Volkswagen Polo R WRC. Nach 18-monatiger Entwicklungszeit und Tausenden von Testkilometern zeigte der Polo bei der Rallye Monte Carlo erstmals sein Können und landete auf dem zweiten Platz. Der Fahrer Sébastien Ogier und sein Kopilot Julien Ingrassia ließen sich in diesem Jahr nicht aufhalten. Sie gewannen neun von 13 WRC-Rennen und durften schließlich als Weltmeister aufs Siegerpodest steigen.

FORMEL-1-WAGEN
Herrscher über die Piste

Die Formel 1 ist die absolute Königsklasse des Motorsports und die Rennställe scheuen weder Kosten noch Mühen, um ihre schnellen Superhelden zu entwickeln, zu testen und aufzumotzen. Formel-1-Wagen machen bis zu 320 Sachen, spurten in unter drei Sekunden von 0 auf 100 und bremsen in kaum vier Sekunden von blitzschnellen 300 km/h zum Stillstand ab.

Der Fahrer wird von einem Überrollbügel und einer leichten, aber stabilen Sicherheitszelle aus Glasfasern geschützt, die auch den Benzintank umgibt.

Die Heckflügel können je nach Bedarf verstellt werden. Steile Heckflügel sorgen für gute Bodenhaftung in der Kurve. Flach eingestellte Flügel ermöglichen eine höhere Geschwindigkeit.

STEUERZENTRALE LENKRAD

Die Rennwagen der Formel 1 bestehen aus mehr als 70 000 Einzelteilen, von denen jedes einzelne den hohen Anforderungen der Formel-1-Rennen genügen muss. Das Lenkrad eines Formel-1-Rennwagens zum Beispiel ist mit vielen elektronischen Bedienelementen ausgestattet. Über diese Hebel, Druckknöpfe und Kippschalter kann der Fahrer die acht Gänge seines Wagens aktivieren, das Kraftstoff-Luft-Gemisch anpassen, zusätzliches Öl in den Motor pumpen, die Getränkezufuhr in den Helm steuern und vieles andere mehr.

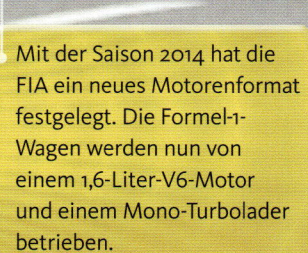

Mit der Saison 2014 hat die FIA ein neues Motorenformat festgelegt. Die Formel-1-Wagen werden nun von einem 1,6-Liter-V6-Motor und einem Mono-Turbolader betrieben.

RENNWOCHENENDE

Jedes Rennen der Formel-1-Weltmeisterschaft beginnt mit einem Trainingstag auf der Strecke. Dann wird das Qualifying gefahren. Hier geht es darum, gute Rundenzeiten zu erreichen, um sich die bestmögliche Ausgangsposition für das eigentliche Rennen zu sichern. Beim Start eines Formel-1-Rennens herrscht starkes Gedränge, denn jeder Fahrer möchte sich noch vor der ersten Kurve an die Spitze des Feldes setzen. Während des Rennens kommen die Taktiken des Teams ins Spiel. Die Fahrer versuchen Kraftstoff zu sparen und die Reifenabnutzung gering zu halten.

FÜHL DIE KRAFT

Wagenform und Spoiler erzeugen aerodynamischen Abtrieb und geben den Wagen der Formel 1 phänomenale Bodenhaftung. Diese Renner können mit Vollgas in die Kurven gehen, ohne abzuheben. Während solcher Kurvenfahrten sowie der Beschleunigungs- und Bremsvorgänge wirkt auf den Formel-1-Piloten eine Belastung von bis zu 5 g (Erdschwerebeschleunigung).

Nico Rosberg setzte sich 2014 beim Großer Preis von Monaco vom restlichen Feld ab und gewann das Rennen. Formel-1-Fahrer wechseln pro Rennen 2500- bis 4000-mal den Gang.

AUDI R18 E-TRON QUATTRO
Der Sieger von Le Mans

Schön, schnell, elegant und ausdauernd: Bei seinem Debüt 2012 im 24-Stunden-Rennen von Le Mans war der technisch innovative Audi R18 e-tron die Sensation. Sein kräftiger 3,7-Liter-V6-Motor und seine aerodynamische Form katapultieren ihn auf Geschwindigkeiten von mehr als 320 km/h. Doch in diesem Auto steckt noch mehr, was es zum Sieger macht.

Über einen von Kameras gespeisten digitalen Rückspiegel kann der Fahrer genau sehen, was hinter ihm passiert.

ELEKTRO-POWER
Hybridautos werden von einem normalen Verbrennungsmotor angetrieben, der mit einem Elektromotor gekoppelt ist. Unter der Haube des R18 steckt ein 515 PS starker Dieselmotor mit Turbolader. Unterstützt wird er durch einen zuschaltbaren Vorderrad-Elektroantrieb. Dieser gewinnt seine Kraft zum Teil aus der Energie, die beim Bremsen entsteht.

Carbonfasern werden im R18 vielfach verwendet, um Gewicht zu sparen – gerade mal 900 kg wog das Fahrzeug bei seinem Wettkampfdebüt. Der Hybridantrieb sorgt ebenfalls für eine Gewichtsreduktion gegenüber früheren Audi-Wettbewerbsfahrzeugen. Weil er weniger Diesel pro Kilometer verbraucht, reicht ein kleiner Tank mit nur 58 l Fassungsvermögen aus.

DER CHAMPION

Der R18 e-tron hat 2012 als erster Hybrid-Rennwagen das 24-Stunden-Rennen von Le Mans gewonnen. Er schaffte 378 Runden, was einer Entfernung von unglaublichen 5 151,8 km entspricht.

Der R18 hat ein Monocoque-Gestell, das heißt, es besteht aus einem sehr stabilen einteiligen Hohlkörper und nicht aus Stäben und Rohren. Das Monocoque ist aus Carbonfasern gefertigt und in einem Stück gegossen, wodurch es gleichzeitig leicht und sehr steif ist.

DAS RENNEN VON LE MANS

Das 24-Stunden-Rennen von Le Mans fand erstmals 1923 statt. Ziel ist es, den knapp 14 km langen Rundkurs „Circuit de la Sarthe" innerhalb von 24 Stunden möglichst oft zu durchfahren. Die Rennstrecke verläuft durch sanftes Hügelland und fordert die Fahrer mit einigen berühmte Schikanen, darunter die L'Arche und die La Florandière. Diese Kurven zwingen die Fahrer, ihre Rennwagen von über 300 km/h auf eine Geschwindigkeit von 70 km/h zu drosseln.

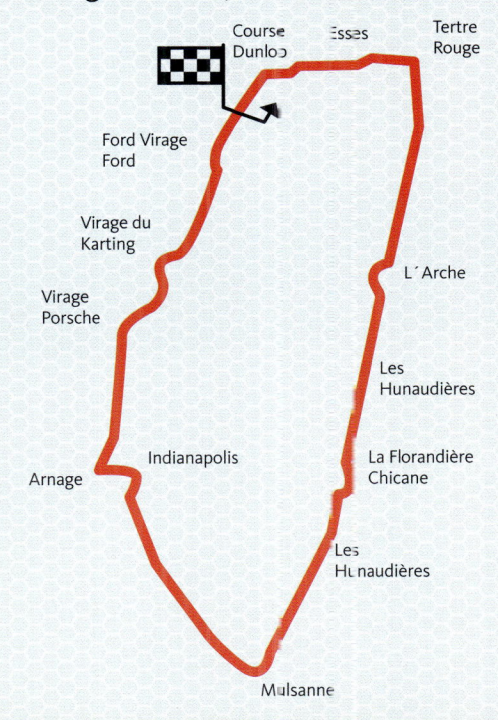

Das Cockpit ist von speziell geformten Windläufen eingefasst. Ein Belüftungssystem saugt heiße Luft aus dem Wageninneren.

Als Vorderlichter verwendet der R18 Flächen aus sehr hellen LED-Lampen. Im 2014-Modell wurden sogar Laserlichter eingebaut, die für noch mehr Helligkeit sorgen. Eine starke Lichtquelle ist lebensnotwendig, wenn die Fahrer nachts mit 250 km/h Höchstgeschwindigkeit über die Straßen rasen.

STARS DER RALLYE DAKAR
Geländewagen der Superlative

Die Rallye Dakar ist die wohl berühmteste und härteste Langstreckenrallye der Welt. Die Teilnehmer sind rund drei Wochen lang unterwegs und legen 8 000 km und mehr zurück. Die Piloten und Kopiloten werden dabei ebenso wie die Fahrzeuge auf eine harte Probe gestellt. Sie sollten Sanddünen, Berge, Schotterpisten, Gewässer, Matsch und Gestrüpp schnellstmöglich bewältigen, ohne das zeitfressende Reparaturen vorgenommen werden müssen. Wie hart der Wettkampf ist, beweist die Rallye des Jahres 2014: Von 431 gestarteten Fahrzeugen erreichten nur 204 das Ziel.

DREI SIEGE IN SERIE

Der VW Race Touareg hat sich als Teilnehmer der Rallye Dakar bestens bewährt. Eine stählerne Gitterrahmenkonstruktion bildet die Fahrgastzelle. In ihr ist Platz für den Fahrer und den Beifahrer sowie für das Navigationssystem, zwei Ersatzräder, Werkzeuge und Wasservorräte. Mit seinem 2,5-Liter-5-Zylinder-Dieselmotor mit Abgasturbolader war der Race Touareg 2009 das erste mit Diesel betriebene Fahrzeug, das die Rallye Dakar gewann. Auch 2010 und 2011 fuhr der Touareg den Gesamtsieg ein.

Bei der Karosserie des VW Race Touareg wurde auch Kevlar eingesetzt. Dieses Material findet unter anderem in durchschusshemmenden Westen oder Panzerfahrzeugen Verwendung. Ein Lufteinlass über der Windschutzscheibe lässt Luft, aus der Sand und Staub herausgefiltert werden, in die Fahrgastzelle.

KLEINER MINI GROSS IN FORM

Nach dem Sieg 2011 zog VW seinen Touareg aus der Rallye Dakar zurück und machte Platz für die Erfolge des Mini All4 Racing. Der kompakte Geländewagen mit Allradantrieb nutzt einen 3-Liter-Dieselmotor, der rund 310 PS erzeugt und die Kraft mittels Sechsganggetriebe überträgt. Der Mini Al 4 Racing sicherte der Dakar-Legende Stéphane Peterhansel den Sieg bei der Rallye Dakar 2012 und 2013.

Ein Touareg rast durch die Wüste. Die doppelten Federdämpfer pro Rad fangen Unebenheiten und Fahrbahnstöße auf. So hat das Fahrzeug bestmöglichen Kontakt zum Boden.

BESCHLEUNIGUNGS-RENNEN
Ultimative Hochgeschwindigkeit

Beim Drag Race (Beschleunigungsrennen) treten zwei Fahrzeuge Seite an Seite auf einer kurzen geraden Piste gegeneinander an. Ausgetragen werden diese Rennen vor allem in Nordamerika von der National Hot Rod Association (NHRA) und weltweit bei Veranstaltungen, die von der internationalen Automobilvereinigung (FIA) genehmigt wurden. Die Fahrzeuge sind in verschiedene Klassen eingeteilt. Die schnellsten von allen sind die Top Fuel Dragster. Sie können in unglaublichen 0,6 Sekunden von 0 auf 100 km/h beschleunigen.

Die Fahrer tragen feuersichere Rennanzüge und Halsmanschetten gegen die enormen Beschleunigungskräfte. Sie sind in dem engen Cockpit mit einem 5-Punkt-Gurtsystem angeschnallt und zusätzlich durch einen Überrollkäfig geschützt.

Der Frontspoiler dient dazu, durch Luftumlenkung die kleinen Vorderräder herunterzudrücken. So wird verhindert, dass das Auto abhebt.

EXPLOSIVER TREIBSTOFF
Die technisch einfachen, aber großvolumigen Aluminiummotoren laufen mit einem explosiven Treibstoffgemisch, das bis zu 90 Prozent aus Nitromethan besteht. Mittels technischer Lader wird Luft in die Zylinder gepresst, um die Leistung zu erhöhen. Jeder einzelne der acht Zylinder entwickelt mehr Kraft als ein NASCAR. Hintereinandergeschaltet bringen die Zylinder bis zu 8 000 PS auf die Straße. Sie haben damit mehr Power als 50 Mittelklassewagen zusammen.

KRAFTÜBERTRAGUNG

Die explosive Motorkraft muss auf die Hinterräder des Dragsters übertragen werden, und zwar im Bruchteil einer Sekunde. Die Fahrzeuge sind mit profillosen Reifen ausgestattet, die 91 cm Durchmesser haben und mehr als 40 cm breit sein dürfen. Vor dem Rennen wird das sogenannte Burnout veranstaltet. Dazu lässt man die Hinterreifen auf dem Asphalt durchdrehen. Durch die Erhitzung qualmen die Reifen und eine Gummischicht legt sich auf die Rennstrecke.

Top Fuel Dragster beschleunigen auf eine Geschwindigkeit von 450 km/h in weniger als der Zeit, die man zum Lesen dieses Satzes braucht! Im Jahr 2005 erreichte ein Dragster, gefahren von Tony Schumacher, eine Rekordgeschwindigkeit von 540,97 km/h.

VOLLBREMSUNG

Die Rennstrecke hat eine Länge von nur 402 m (also eine Viertelmeile) oder 305 m (das entspricht der amerikanischen Längeneinheit von 1000 Fuß). Beim Überqueren der Ziellinie sind Top Fuel Dragster über 500 km/h schnell und brauchen daher neben den Hinterrad-Scheibenbremsen aus Karbon zusätzliche Bremsunterstützung durch sich öffnende Bremsschirme.

Das lange schmale Fahrzeug hat einen maximaler Achsenabstand von 7,62 m und wird aus einer Magnesiumlegierung und Carbonfasern gefertigt. Es ist so geformt, dass es die Luft geradezu durchschneidet.

AUTOS
DER ZUKUNFT

Die Automobilbranche ist 150 Jahre alt und noch immer entwickelt und verändert sie sich. Ständig hält sie Neuerung bereit. Was aber bringt die Zukunft? Das kann niemand mit Sicherheit sagen, doch Trends und Fortschritte sind bereits zu erkennen. Die Sorge um Umweltbelastung, Klimawandel und das Ende der fossilen Brennstoffe wird energiesparende Fahrzeuge oder alternative Energien hervorbringen, während der 3D-Druck und intelligente Materialien neue Formen und Designs ermöglichen könnten. Und letztendlich wird sich vielleicht die Car-to-Car-Kommunikation durchsetzen, die den direkten Informationsaustausch zwischen fahrenden Fahrzeugen ermöglicht. Fahrerlose Autos könnten dann zum Straßenbild gehören.

Der VW XL1 wird seit 2014 in kleiner Stückzahl gebaut. Dieser Diesel-Hybrid ist ein echter Sparwagen. Nur einen Liter Sprit soll die Flunder pro 100 km verbrauchen. Der Zweisitzer hat eine aerodynamisch günstige Höhe von nur 115 cm. Sein Leergewicht von nur 795 kg ist einer fortschrittlichen Leichtbauweise zu verdanken.

KONZEPTFAHRZEUGE
Direkt vom Reißbrett

Konzeptfahrzeuge sind Prototypen, Modelle oder echte Autos, mit denen die Automobilhersteller ihr technisches Können und ihre Ingenieursleistung demonstrieren, neue Technologien und Ideen vorstellen und Meinungen über neue Design-Linien einholen. Einige Konzeptfahrzeuge stellen auch technische Innovationen vor, die nach Vorstellung der Autobauer in der Serienproduktion eingesetzt werden könnten.

Im Ford Nucleon stellten die Entwickler 1958 ein Antriebskonzept vor, das anstelle eines Benzinmotors einen dampfgetriebenen Motor verwendet, der von einem Atombrenner gespeist wird.

IDEENSTADIUM

Harley Earl war einer der ersten Designer von Konzeptfahrzeugen. Sein 1951er GM Le Sabre verwendete Designelemente, die aus dem Flugzeugbau entlehnt wurden, wie die markanten Heckflossen und die umlaufende Windschutzscheibe. Elemente davon sind in die Serienmodelle einiger Hersteller eingeflossen. Ford, der große Rivale von GM, konstruierte 1955 sein eigenes futuristisch aussehendes Konzeptauto, den Lincoln Futura. Ihn erkennt man an seinen extravaganten Heckflossen und den Fahrgastraumhauben, die an Düsenjägerkanzeln erinnern. Der Lincoln Futura ging nie in Serie.

Der auffallend niedrige und eckige Stratos Zero wurde 1970 vom italienischen Designer Nuccio Bertone entworfen. Seine aufklappbare Windschutzscheibe diente zugleich als Tür.

KAUM ZU GLAUBEN!

Nissan baute 2007 den Pico 2 mit Rädern, die sich in alle Richtungen drehen ließen. Das Fahrzeug konnte sich so seitwärts bewegen. Der GINA von BMW (Bild unten) ist nicht aus festen Karosserieteilen gefertigt, sondern seine Außenhaut besteht aus einem dehnbaren Elasthan-artigen Material. Darunter liegt ein Drahtgeflecht, das von elektrischen und hydraulischen Antrieben ausgerichtet wird. So kann die Außenform verändert werden.

ZUKUNFTSMUSIK

Einige Konzeptfahrzeuge geben Einblicke in die Mobilität der Zukunft. 2013 enthüllte Toyota auf der Tokyo Motor Show seine Studie FV2, die sich mit der Frage beschäftigt, ob ein Auto an jeder seiner vier Ecken Räder haben muss. Beim FV2 sind die Räder kreuzförmig über einer einsitzigen Fahrgastkabine aus Kunststoff angeordnet. Im FV2 gibt es kein Lenkrad mehr; das Fahrzeug wird durch Gewichtsverlagerung gesteuert.

Die elastische Karosserie des GINA kann ihre Form verändern. Bei hoher Geschwindigkeit „wächst" ihr ein Heckspoiler.

In der beweglichen Außenhaut lassen sich die Türen nach oben öffnen. Wenn die Türen geschlossen sind, ist die Außenhaut glatt und stromlinienförmig.

DIGITAL FAHREN
Intelligente Autos

Bereits heute sind viele neue Autos vollgepackt mit digitaler Technologie, die das Fahren einfacher macht, mehr Kontrolle über das Fahrzeug ermöglicht oder hilft, verschiedene Funktionen zu überwachen. Die Autos alarmieren ihre Fahrer selbstständig und in der Werkstatt können die Probleme beseitigt werden. Die meisten Experten prophezeien, dass wir erst am Anfang einer Ära von intelligenten vernetzten Autos stehen.

Im Jahr 2013 fuhr ein Prototyp des Mercedes S500 Intelligent Drive die gleiche Strecke, die Bertha Benz im Jahr 1888 von Mannheim nach Pforzheim zurücklegte. Das Besondere daran: Das Auto fuhr ohne menschlichen Fahrer!

ZU IHREN DIENSTEN

Zu den neuen automatischen Fahrerassistenzsystemen gehören LED-Scheinwerfer, die entgegenkommenden Verkehr erkennen und ihren Lichtstrahl so justieren, dass andere Fahrer nicht geblendet werden. Bei einigen Autos arbeiten die Scheibenwischer automatisch je nach Niederschlag, bei anderen reguliert sich die Lautstärke des Sound-Systems entsprechend der gefahrenen Geschwindigkeit. In der Zukunft werden Autos nicht nur alle zentralen Daten des Fahrzeugs erfassen, sondern auch die Fahrer überwachen. Eingebaute Sensoren und Kameras zeichnen auf, ob der Fahrer aufmerksam ist.

Das Fahrerassistenzpaket ConnectedDrive von BMW misst den Abstand zu vorausfahrenden Fahrzeugen. Es kann die Kontrolle des Fahrers über die Bremsen außer Kraft setzen und die Geschwindigkeit herabsetzen. Ebenso kann es den Fahrer warnen, wenn er von der Fahrbahn abweicht, und es erkennt Fahrzeuge, die das Auto von hinten überholen.

VERNETZTE AUTOS

Die Fahrzeug-zu-Fahrzeug-Technologie (V2V) wird zukünftig Autos via Bordcomputer in ständigem Austausch mit anderen Fahrzeugen halten. Mithilfe der gesammelten Daten können sie Geschwindigkeitsveränderungen im Verkehrsfluss, Staus und andere Verkehrshindernisse registrieren. Sogar fahrerloses Fahren auf speziell dafür reservierten Autobahn-Fahrbahnen wird dadurch möglich.

SCHLAUES GLAS

Die Instrumententechnologie in Autos wird immer intelligenter. In der Zukunft werden für Autos Fenster und Windschutzscheiben aus speziellem Glas mit eingebauten digitalen Bildschirmen gefertigt. Alle Arten von Daten und Informationen können auf das Glas projiziert werden, von Hilfestellungen für das Einparken bis zu Fahrtrichtungsangaben oder Straßenkarten. Möglich wird das durch Entfernungsmessgeräte und Nachtsichtsysteme.

GRÜNE AUTOS
Umweltverträgliche Fahrzeuge

Die Sorge um das Klima der Erde und die Verfügbarkeit fossiler Brennstoffe hat auch die Autohersteller auf den Plan gerufen. Sie entwickeln Fahrzeuge, die weniger Kraftstoff verbrauchen oder mit erneuerbaren Energien wie der Sonnenenergie betrieben werden können. Mit Solarzellen bestückte Sonnenkollektoren können Sonnenlicht in elektrische Energie umwandeln, die Automotoren die nötige Power gibt. Noch befinden sich die meisten Solarautos im Versuchsstadium und zeigen ihr Können nur bei Wettbewerben. Doch Fahrzeuge wie der Ford C-Max Solar Energi Concept werden bereits dick mit Solarpaneelen bepackt, die die Batterie des Wagens aufladen und seine Reichweite vergrößern.

Der einsitzige Tokai Challenger gewann 2011 die World Solar Challenge. Dieses Rennen für Solarfahrzeuge führt über rund 3000 km durch Australien. Der Tokai Challenger bewältigte die Strecke mit rund 92 km/h Durchschnittsgeschwindigkeit.

Leichtgewichtige Fahrzeuge wie der nur 300 kg schwere Toyota i-ROAD sind Meister im Energiesparen. Nicht nur der Elektroantrieb schont die Ressourcen. Im Vergleich zu Fünf- oder Siebensitzern wird der Platz voll ausgeschöpft.

Rund 2100 Solarzellen bedecken die Oberfläche des Tokai Challenger und wandeln Sonnenlicht in elektrischen Strom um, der das Fahrzeug antreibt.

SPARMASSNAHMEN

Die Automobilhersteller gehen verschiedenste Wege, um ihre Fahrzeuge effizienter zu machen. Sie verbessern die Aerodynamik, verringern das Gewicht oder entwickeln Kraftstoff sparende Technologien wie die Start-Stopp-Automatik. Dieses System schaltet den Motor automatisch ab und wieder an, wenn der Wagen zum Beispiel an der Ampel halten muss. Das erste Fahrzeug, das mit einer Motorabschaltung geliefert wurde, war der VW Golf Ecomatic von 1991.

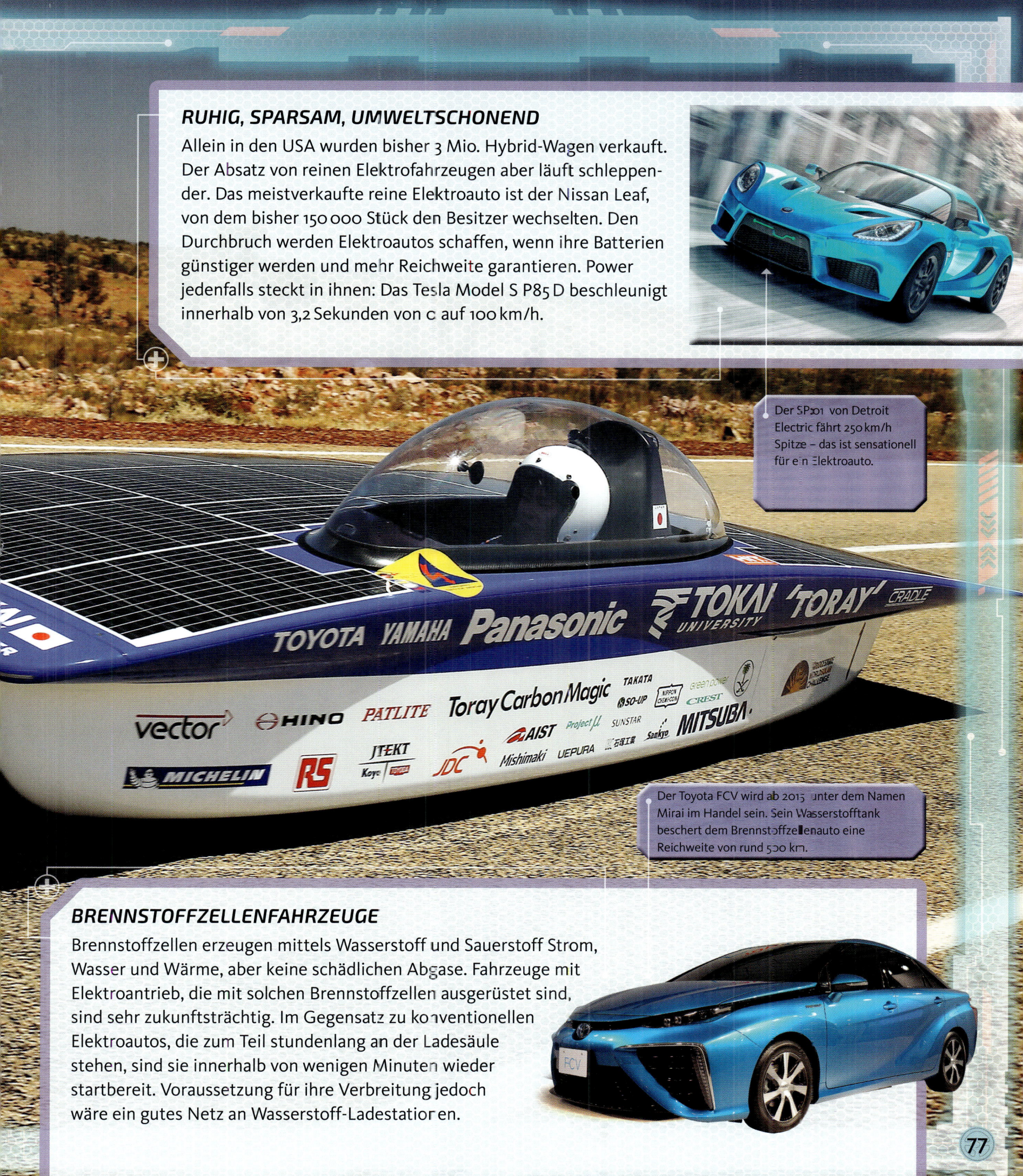

RUHIG, SPARSAM, UMWELTSCHONEND

Allein in den USA wurden bisher 3 Mio. Hybrid-Wagen verkauft. Der Absatz von reinen Elektrofahrzeugen aber läuft schleppender. Das meistverkaufte reine Elektroauto ist der Nissan Leaf, von dem bisher 150 000 Stück den Besitzer wechselten. Den Durchbruch werden Elektroautos schaffen, wenn ihre Batterien günstiger werden und mehr Reichweite garantieren. Power jedenfalls steckt in ihnen: Das Tesla Model S P85 D beschleunigt innerhalb von 3,2 Sekunden von 0 auf 100 km/h.

Der SP:01 von Detroit Electric fährt 250 km/h Spitze – das ist sensationell für ein Elektroauto.

Der Toyota FCV wird ab 2015 unter dem Namen Mirai im Handel sein. Sein Wasserstofftank beschert dem Brennstoffzellenauto eine Reichweite von rund 500 km.

BRENNSTOFFZELLENFAHRZEUGE

Brennstoffzellen erzeugen mittels Wasserstoff und Sauerstoff Strom, Wasser und Wärme, aber keine schädlichen Abgase. Fahrzeuge mit Elektroantrieb, die mit solchen Brennstoffzellen ausgerüstet sind, sind sehr zukunftsträchtig. Im Gegensatz zu konventionellen Elektroautos, die zum Teil stundenlang an der Ladesäule stehen, sind sie innerhalb von wenigen Minuten wieder startbereit. Voraussetzung für ihre Verbreitung jedoch wäre ein gutes Netz an Wasserstoff-Ladestationen.

ZUKUNFTSVISIONEN
Blick nach vorne

Die Automobilhersteller werden in der nahen Zukunft beibehalten, was ihren Erfolg begründet hat, und es mit innovativen Technologien und neuen Denkansätzen verschmelzen. Der Mercedes Benz Silver Lightning ist dafür ein leuchtendes Konzept-Beispiel. Man hat bei ihm fortschrittlichste Neuerungen in ein Design gepackt, das von den legendären Silberpfeil-Rennwagen der 1930er-Jahre angeregt wurde.

Das Cockpit der Zukunft könnte zum Beispiel mit einem Autopiloten ausgestattet sein, der das Fahren komplett übernimmt. Auch das Einparken könnte der Fahrer seinem Auto überlassen.

Die flache, schnittige Karosserie des Mercedes Silver Lightning zielt auf minimalen Luftwiderstand und geringen Spritverbrauch.

MAGNETDACH

Zu den futuristischen Highlights des Silver Lightning gehört ein abnehmbares Dach aus Magnetplatten, die in Sekundenschnelle hinzugefügt oder wieder entfernt werden können. Unter der Haube des Flitzers könnte ein schadstofffreier, leichtgewichtiger und dabei extrem leistungsfähiger Elektromotor sitzen, der „omnidirektionale" Räder antreibt. Dazu werden auf den Felgen tonnenförmige Rollen angebracht, die das Auto nach vorne, nach hinten und zu den Seiten bewegen.

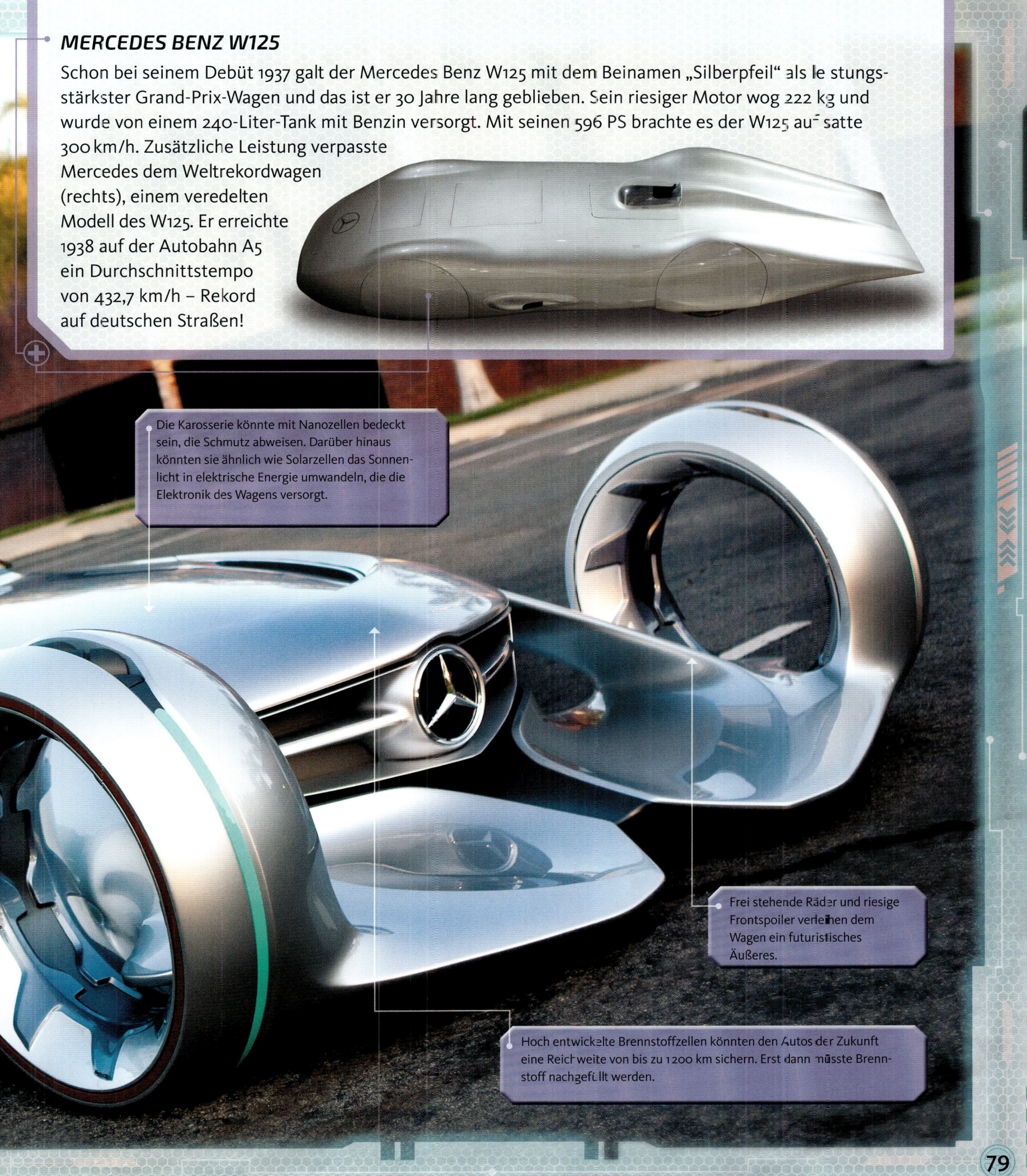

MERCEDES BENZ W125

Schon bei seinem Debüt 1937 galt der Mercedes Benz W125 mit dem Beinamen „Silberpfeil" als leistungsstärkster Grand-Prix-Wagen und das ist er 30 Jahre lang geblieben. Sein riesiger Motor wog 222 kg und wurde von einem 240-Liter-Tank mit Benzin versorgt. Mit seinen 596 PS brachte es der W125 auf satte 300 km/h. Zusätzliche Leistung verpasste Mercedes dem Weltrekordwagen (rechts), einem veredelten Modell des W125. Er erreichte 1938 auf der Autobahn A5 ein Durchschnittstempo von 432,7 km/h – Rekord auf deutschen Straßen!

Die Karosserie könnte mit Nanozellen bedeckt sein, die Schmutz abweisen. Darüber hinaus könnten sie ähnlich wie Solarzellen das Sonnenlicht in elektrische Energie umwandeln, die die Elektronik des Wagens versorgt.

Frei stehende Räder und riesige Frontspoiler verleihen dem Wagen ein futuristisches Äußeres.

Hoch entwickelte Brennstoffzellen könnten den Autos der Zukunft eine Reichweite von bis zu 1200 km sichern. Erst dann müsste Brennstoff nachgefüllt werden.

FACHBEGRIFFE

ABS Antiblockiersystem. Computergesteuertes System, das verhindert, dass die Räder beim Bremsen blockieren und das Auto sich nicht mehr lenken lässt.
Abtrieb Kraft, die das Fahrzeug auf die Fahrbahn drückt. Sie wird durch die Luft erzeugt, die das Fahrzeug umstreicht.
Aerodynamisch So geformt, dass die Luft möglichst ungehindert strömen kann.
Airbag Prallkissen, das sich beim Zusammenstoß entfaltet. Es verhindert, dass die Fahrzeuginsassen gegen harte Teile prallen und sich schwere Verletzungen zuziehen.
Allradantrieb Bei dieser Antriebsart wird die Kraft auf alle vier Räder übertragen.
Antrieb Überträgt die Kraft des Motors auf die Räder.
Aufhängung System aus Federn, Stoßdämpfern und anderen Komponenten, die mit dem Rad oder der Achse verbunden sind und die Führung und Haftung des Wagens beeinflussen.
CAD/CAM Engl. Abkürzung für rechnerunterstütztes Konstruieren bzw. rechnerunterstützte Fertigung. Computerprogramme, die beim Entwurf und der Produktion von Autos und ihren Einzelteilen eingesetzt werden.
Chassis Fahrgestell eines Autos, also seine tragenden Teile.
Coupé Zweitüriger, geschlossener Wagen mit festem Dach. Er bietet Platz für zwei Personen vorne und für zwei Personen auf der Rückbank.
FIA Abkürzung für Fédération Internationale de l'Automobile. Das ist der internationale Dachverband des Automobils. Dieser fördert den Automobilsport und den internationalen Kraftverkehr.
Getriebe Vorrichtung zur Übertragung und Umformung mechanischer Kräfte und Bewegungen.
Haftreibung Verhindert, dass zwei Körper, die sich berühren, aneinander vorbeigleiten.
Hybridauto Ein Auto, das von einem normalen Verbrennungsmotor und einem Elektromotor angetrieben wird.
Kolben Stabförmiges Teil, das sich im Zylinder einer Kolbenmaschine auf- und abbewegt.
Konzeptfahrzeug Fahrzeug, das neue Technologien und Ideen vorstellt.
Limousine Viertüriges Auto für vier bis sechs Personen mit einem festen Dach.
Monocoque Fahrgestell, das nicht aus mehreren Teilen verschweißt wird, sondern aus einem einteiligen Körper besteht.
NASCAR Abkürzung für National Association for Stock Car Auto Racing. Der US-amerikanische Motorsportverband organisiert mehrere Rennserien. Die eingesetzten Fahrzeuge werden als NASCARs bezeichnet.

Radstand Abstand zwischen den Achsen eines Fahrzeugs.
Roadster Zweisitziger Sportwagen ohne festes Dach.
Spoiler Bauteil eines Fahrzeugs, das die Fahrzeugumströmung verändert.
Turbolader Dient der Leistungssteigerung des Motors.
Überrollkäfig Stabiler Rahmen der Fahrgastzelle, der die Fahrzeuginsassen im Fall eines Unfalls schützt.
Ventil Öffnung im Zylinder, über die der Kraftstoff eingelassen bzw. Abgase ausgelassen werden.

Bildnachweis und Danksagung
Der Verlag dankt folgenden Quellen für die freundliche Genehmigung, die Fotos in diesem Buch veröffentlichen zu dürfen.

o = oben, u = unten, M = Mitte, l = links, r = rechts

Umschlag/Vorderseite: Bugatti Veyron 16.4 Super Sport © Bugatti Automobiles S.A.S; Umschlag/Rückseite: Jeff Speer/Icon SMI/Corbis (ol), Matt Sullivan/Getty Images (or), Oleksiy Maksymenko/Alamy (oM), Hennessey/Splash News/Corbis (uM) und David Acosta Alley/Shutterstock.com (u); 1: Getty Images/Matt Sullivan; 2–3: LAT Photographic; 4–5: Porsche AG/© 2014 Porsche Cars North America, Inc.; 6: Getty Images/Rusty Jarrett; 6–7: Lamborghini/Automobili Lamborghini S.p.A.; 7: Rex Features/Andy Willsheer; 9o: Mercedes-Benz/Copyright Daimler © Alle Rechte vorbehalten; 9M u. 9u: Privatarchiv; 10: Shutterstock.com/Natursports; 11o: Rex Features; 11u: © 1994–2014 Koenigsegg. Alle Rechte vorbehalten; 12: Getty Images/Tim Graham; 12–13 u. 13: Getty Images/Marco Prosch; 14–15: Getty Images/Sean Gallup; 15: Topfoto.co.uk/Ullstein Bild; 16–17: Corbis/Martyn Goddard; 18: Rex Features/AGF s.r.l.; 18–19: Porsche AG/© 2014 Porsche Cars North America, Inc; 19: Alamy/Oleksiy Maksymenko; 20: Alamy/epa european pressphoto agency b.v., 20–21: Alamy Images/Motoring Picture Library; 21M: Alamy/Vario images; 21o: © BMW Group; 22: Rex Features/Magic Car Pics; 22–23: © Lamborghini/Automobili Lamborghini S.p.A.; 23: Alamy Images/Mark Bourdillon; 24: © Bugatti Automobiles S.A.S.; 24–25: Shutterstock/Max Earey; 25o, 25uM, 25ur: © Bugatti Automobiles S.A.S. 26: Corbis/Transtock; 26–27: Alamy/WENN Ltd.; 27o: © Koenigsegg; 27M: Thinkstock/iStock; 28–29: Getty Images/Haruyoshi Yamaguchi/Bloomberg; 29o: Shutterstock/Vereshchagin Dmitry; 29r: Thinkstock/iStock; 30–31: Corbis/Car Culture; 32: Corbis/Hoch Zwei; 32–33: Porsche AG/© 2014 Porsche Cars North America, Inc.; 33o: Porsche AG/© 2014 Porsche Cars North America, Inc.; 33u: Shutterstock/TonyV3112; 34–35: Corbis/Don Heiny; 34: Shutterstock/Radoslaw Lecyk: 35o u. 35M: Getty Images/Klemantaski Collection; 36–37: Volkswagen/© Copyright Volkswagen of America, Inc.; 36, 36–37, 37o: Volkswagen/© Copyright Volkswagen of America, Inc.; 37: Rex Features/c.W. Disney/Everett; 38–39: Corbis/Car Culture; 39o: Corbis/Bryan Smith/ZUMA Press; 39r: David J. Griffin/iStock; 40, 40–41, 41: Mercedes-Benz/Copyright Daimler © Alle Rechte vorbehalten; 42–43, 42M, 42o: © Lamborghini/Automobili Lamborghini S.p.A.; 43u: Getty Images/Klemantaski Collection; 44: Getty Images/Chris Ware/Keystone Features/Hulton Archive; 44–45: Getty Images/Hubert Fanthomme/Paris Match; 45u: Getty Images/Darrell Ingham; 45o: Getty Images/Keystone-France/Gamma-Keystone; 46–47: Rex Features/Andy Willsheer; 48–49: Getty Images/Art Konovalov; 49o: Rex Features/Andy Wilman; 49M: Rex Features; 49uM: Peel Engineering; 50: Alamy/Oleksiy Maksymenko; 51: Alamy/pbpgalleries; 52: Gibbsamphtrucks.com; 52–53: © Watercar Inc.; 53o: Terrafugia Inc.; 53M: Getty Images/Simon Dawson/Bloomberg; 54: Getty Images/ISC Images & Archives; 54–55: Getty Images/Dan Dennison; 55: Rex Features/Sipa Press; 56: Getty Images/Jonathan Moore; 58–59: Getty Images/Patrick Smith; 60: Getty Images/Micke Fransson/AFP; 60–61: Getty Images/William West/AFP; 61: Alamy/Russell Hunter; 62: Getty Images/Peter Fox; 62–63: LAT Photographic/Andy Hone; 63: Getty Images/Charles Coates; 64: © 2014. AUDI AG. Alle Rechte vorbehalten; 64–65: LAT Photographic/Jeff Bloxham; 65: LAT Photographic/Alastair Staley; 66–67: Corbis/Martin Zabala/Xinhua Press; 67: Shutterstock.com/Rodrigo Garrido; 68–69: Corbis/Marc Sanchez/Icon SMI; 69o: Corbis/Chris Williams/Icon SMI; 69M: Getty Images/Rusty Jarrett; 70–71: Mercedes-Benz/Copyright Daimler © Alle Rechte vorbehalten; 72: Corbis/Car Culture; 72–73, 73M: © BMW Group; 73o: Shutterstock.com/Thampapon; 74–75: Mercedes-Benz/Copyright Daimler © Alle Rechte vorbehalten; 75o: Alamy Images/Jim West, 75r: Getty Images/Coneyl Jay; 76: Getty Images/Jean-Pierre Clatot/AFP; 76–77: Getty Images/Mark Kolbe; 77o: Detroit Electric; 77u Getty Images/Kazuhiro Nogi/AFP; 78–79, 79: Mercedes-Benz/Copyright Daimler © Alle Rechte vorbehalten.

Der Verlag war bemüht, die Urheber und Quellen aller Fotos ausfindig zu machen und korrekt zu nennen. Er entschuldigt sich für versehentliche Fehler und Irrtümer. Sie werden in nachfolgenden Auflagen dieses Buches richtiggestellt.